Einleitung

Überlegungen zur Revolutionsauswahl

Der von jedem Historiker wie Geschichtslehrer verinnerlichte Faktor des Multikausalen verbietet es eigentlich, sich einem der durchaus üblichen Kategorisierungsversuche (soziale vs. nationale Revolutionen; Verfassungsrevolutionen, kommunistische Revolutionen etc.) anzuschließen, da diese immer eine monokausale Erklärung nahelegen. Zu viele der in diesem Heft thematisierten Revolutionen stellen Mischformen dar, deren Ursachen auf ein multikausales Geflecht zurückzuführen sind. Daher würde ein schon beim Namen der jeweiligen Revolution vergebenes Etikett möglicherweise den Blick des Untersuchenden verengen, sein Urteil demzufolge der Komplexität des Phänomens nicht gerecht werden. Zumal schon bei der Recherche für dieses Heft deutlich wurde: Was der *eine* Historiker wie selbstverständlich als Revolution bezeichnet, weisen *andere* – durchaus aus unterschiedlichen Gründen – als etwas aus, wofür sie den Revolutionsbegriff ablehnen. Aus diesem Grund ist hier weder eine Bündelung mehrerer Revolutionen unter einer wie auch immer gearteten zusammenfassenden Überschrift vorgenommen worden – der Part des Vergleichens soll unvoreingenommen von den Schülerinnen und Schülern übernommen werden können – noch wird vorgegeben, ob es sich bei dem Umgestaltungsprozess der Jahre 1933/34 anbietet, den Begriff der Revolution zu verwenden. Eine Diskussion diesbezüglich anzuregen, durch die nicht zuletzt auch für die Dynamik, den Missbrauch und den Bedeutungswandel von Sprache sensibilisiert wird, schien hingegen so verlockend wie sinnvoll.

Hauptargument für die hier getroffene Auswahl an „Vergleichsobjekten" stellen die Inhalte der Lehrpläne dar – alle hier thematisierten Revolutionen sind in den deutschen Lehrplänen aller Bundesländer enthalten.

Keine Berücksichtigung in diesem Heft findet die „Industrielle Revolution". Der Prozess der Industrialisierung mit seinen mannigfaltigen gesellschaftlichen Begleiterscheinungen sollte in einer eigenen Reihe für sich behandelt werden – im Idealfall bevor sich die Lehrkraft dem diachronen Vergleich von Revolutionen zuwendet. Immerhin weist die Geschichte der Ursachen von Revolutionen und die Geschichte der Industrialisierung eine sehr große Schnittmenge auf. Eine explizite Integration der Wechselwirkungen von Industrialisierung und Revolution in das hier vorgelegte Unterrichtskonzept hätte den vorgegebenen Rahmen gesprengt. Gleichwohl spielen im Zusammenhang mit den Ursachen der einzelnen Revolutionen die Folgen der Industrialisierung natürlich eine Rolle, die es zu thematisieren gilt.

Konzeption der einzelnen Kapitel

Die didaktische Reduktion musste bei der Konzeption dieses Heftes mutig ausfallen: Pro Revolution liegen je ein Steckbrief, je mindestens zwei zeitgenössische Quellen und je mindestens zwei Historikerurteile vor.

Die Auswahl der zeitgenössischen Quellen stellt einerseits den Versuch dar, „Schlüsselquellen" zu finden, über die sich der Charakter der jeweiligen Revolution transportiert. Andererseits sollen sie den Schülerinnen und Schülern natürlich für sie schlüssige Vergleichsmöglichkeiten bieten. Gleichzeitig lagen bei der Quellenauswahl inhaltliche Schwerpunkte auf den Ursachen für den Ausbruch der jeweiligen Revolutionen und auf deren jeweiligen Beiträgen zur Formulierung und Einforderung von Grundrechten. Eine knappe verlaufsgeschichtliche Orientierung sollen die Steckbriefe leisten. Eine vertiefende Auseinandersetzung mit Verlauf und Folgen der jeweiligen Revolutionen wird durch die weiterführenden Arbeitsaufträge gewährleistet.

Die Entscheidung, jede Revolution durch das Urteil unterschiedlicher Historiker zu kommentieren – nach Möglichkeit findet sich hier jeweils ein Auszug aus einer aktuell erschienenen Monografie – soll den Prinzipien der Perspektivität und Kontroversität Rechnung tragen. Ein multiperspektivischer Zugang bei der Zusammenstellung der zeitgenössischen Quellen hätte den Rahmen der Gesamtkonzeption gesprengt.

Methodische Überlegungen

Die Materialien im Heft sind so angeordnet, dass die Lehrkraft – je nach Bedarf – eine weitere Auswahl an Revolutionen vornehmen kann. Es gibt zwar kapitelübergreifende Arbeitsaufträge, es müssen aber zur Bearbeitung dieser – das gilt auch für die vorgeschlagene Leistungskontrolle – nicht sämtliche Kapitel bearbeitet werden. Auch kann frei entschieden werden, ob die Revolutionen in chronologischer Reihenfolge nacheinander, gleichzeitig in arbeitsteiliger Gruppenarbeit oder in Form eines Lernzirkels untersucht werden. So oder so sind Arbeitsblätter und Arbeitsaufträge dergestalt konzipiert, dass die Schülerinnen und Schüler zum selbstständigen Arbeiten aufgefordert sind. Die unterschiedlichen Anforderungsniveaus der Arbeitsaufträge zielen auf die übliche Heterogenität von Lerngruppen ab und haben demzufolge das Potential zu fördern und zu fordern.

M1 Begriffliche Abgrenzungsversuche

Begriffe wie „Aufstand", „Revolte" oder „Rebellion" gehören zur unmittelbaren semantischen Nachbarschaft von „Revolution". Für einige Gewährsleute sozialistischer Theoriebildung, wie Engels oder Lenin, ist der Aufstand ein Element im Ablaufplan der Revolution. Für Hannah Arendt ist der Unterschied zwischen Rebellion und Revolution der, dass das Ziel der Rebellion „nur" die Befreiung, das Ziel der Revolution dagegen die „Gründung der Freiheit" sei. Die Rebellion, wofür sich wohl auch die Begriffe „Aufstand" oder „Revolte" einsetzen ließen, zielt also, folgt man Arendt, im Wesentlichen auf die Beendigung eines als unfrei empfundenen Zustandes ab, ohne definierte Vorstellung, welcher Zustand stattdessen anzustreben sei. Die Revolution dagegen ist, folgt man Arendt, gerichteter, insofern sie nicht in erster Linie einen unfreien Zustand ab-, sondern vor allem einen Zustand der Freiheit herstellen will und die „gewonnene Freiheit in angemessenen Institutionen und Verfassungen"* verankert. Ob man eine so klare Motivation und Zielrichtung allen Revolutionen unterstellen kann, erscheint fraglich. Dass Rebellionen, Aufstände oder Revolten im Vergleich zu Revolutionen aus einer bedrückenden konkreten Situation oder Lage entstehen und nicht von vornherein systematisch auf die Abschaffung der diese Situation bedingenden sozialen, kulturellen oder wirtschaftlichen Strukturen abzielt, scheint jedoch ein wichtiges und nützliches Unterscheidungskriterium zu sein.

* Arendt, Hannah: Über die Revolution, 4. Aufl. München 1994, S. 185

Oelze, Patrick (Hg.): Revolutionen. Ein historisches Lesebuch, Berlin 2014, S. 88f.

M2 Definition

Ganz eindeutig ist der Name der Revolution bisher nur geworden für bestimmte geschichtliche Gesamtphänomene, in denen sich dreierlei verbindet: Der stoßweise und gewaltsame Vorgang (Durchbruch, Umbruch) insbesondere in bezug auf die Umwälzung von Staats- und Rechtsverhältnissen; weiter ein sozialer Inhalt, der in Gruppen- und Massenbewegungen, meistens auch in offenen Widerstandshandlungen derselben in Erscheinung tritt, und schließlich die ideelle Form einer programmatischen Idee oder Ideologie, die positive Ziele im Sinne einer Erneuerung, einer Weiterentwicklung oder eines Menschheitsfortschrittes aufstellt. Mag das eine oder andere dieser Elemente für spezielle Begriffsbestimmungen oder Revolutionen entbehrlich sein, so bilden sie zusammen doch erst die „Revolution" im Vollsinne, die sich deutlich von der Fülle ständiger und schwer voneinander zu trennender Wandlungserscheinungen in der Geschichte abheben läßt.

Griewank, Karl: Der neuzeitliche Revolutionsbegriff. Entstehung und Geschichte, Frankfurt/M. 1973, S. 21f.

M3 Revolutionsphasen

In der Anfangsphase verlaufen Revolutionen üblicherweise so, [...] dass revolutionäre Gruppen in Aktion treten, um die Umsetzung der Forderungen [...] zu erzwingen.

Wenn es trotz früher revolutionärer Errungenschaften zu weiteren Unruhen kommt, beginnt eine zweite, radikalere Phase. Revolutionäre Gruppen tendieren in dieser Phase dazu, Veränderungen zu fordern, die zunehmend in ihrem eigenen spezifischen Interesse liegen. Gleichzeitig betreten neue revolutionäre Führer und Gruppen die Bühne, welche die Ausweitung und Intensivierung des revolutionären Prozesses fordern. Sehr oft werden die frühen Anführer der Revolution nun als zu konservativ angesehen und [...] ersetzt. Manchmal wird dieser Austausch der Führungselite durch revolutionäre Säuberungen und Terror hervorgerufen. Dies geschieht vor allem dann, wenn sich eine blutige Gegenrevolution ankündigt oder schon in vollem Gange ist.

Es kommt vor, dass sich die ursprüngliche Zielsetzung der Revolution verliert [...]. Dies trifft auf die Französische Revolution der Jahre 1792 bis 1794, die Spätphase der 1848er Revolutionen und die Russische Revolution von März 1917 bis Juli 1918 zu.

[Dritte Phase] [...] Jetzt muss der Tatsache Rechnung getragen werden, dass die Revolutionäre, nun an der Macht, das praktische Geschäft des Regierens bewältigen müssen, während gleichzeitig die revolutionäre Energie und der Idealismus, welche die ersten beiden Phasen befeuerten, sich aufzulösen zu beginnen [...].

Todd, Allan: Revolutions, 1789–1917, Cambridge 1998, S. 5 (Übersetzung: Eva Wolff)

1. Stellen Sie in eigenen Worten dar, wie Arendt den Unterschied zwischen Rebellion und Revolution definiert (M1).
2. Informieren Sie sich über die Definitionen von „Putsch" bzw. „Staatsstreich".
3. Arbeiten Sie aus den Materialien M1–M3 allgemeine Merkmale von Revolutionen heraus.
4. Formulieren Sie eine eigene Definition von „Revolution", die eine Abgrenzung verwandter Begriffe beinhaltet.

M1 Steckbrief

Missstände/Ursachen	• Ausbeutung und politische Machtlosigkeit des Dritten Standes (98 Prozent der französischen Bevölkerung) zugunsten des 1. und 2. Standes (Klerus und Adel) • Wirtschaftskrise, z. B. 1786: Krise der frz. Textilindustrie → Arbeitslosigkeit, 1788: Missernte → Steigerung des Brotpreises • Finanzkrise → Staatsbankrott • Ideen der Aufklärung
Auslöser	Einberufung der Generalstände; Dritter Stand erklärt sich zur ersten Nationalversammlung; Sturm auf die Bastille
Gruppierungen/Parteien	Jakobiner: Montagnards – Girondisten; Cordeliers; Enragés; Hébertisten
Charismatische Führungspersönlichkeiten	*Montagnards:* Robespierre, Saint Just, Couthon; *Cordeliers:* Danton; *Enragés:* Roux, Varlet, Leclerc; *Hébertisten:* Hébert
Phasen	*1789–1791/92* Die liberale Phase der Revolution *1791/92–1793* Die Radikalisierung der Revolution *1793–1794* Die Terrorherrschaft *1794–1799* Die Verbürgerlichung der Revolution
Folgen	Reform- und Revolutionsbewegungen in vielen europäischen Ländern

M2 Erklärung der Menschen- und Bürgerrechte, 26. August 1789

Art. 1 Die Menschen sind und bleiben von Geburt frei und gleich an Rechten. Soziale Unterschiede dürfen nur im gemeinen Nutzen begründet sein.

Art. 2 Das Ziel jeder politischen Vereinigung ist die Erhaltung der natürlichen und unveräußerlichen Menschenrechte. Diese Rechte sind Freiheit, Eigentum, Sicherheit und Widerstand gegen Unterdrückung.

Art. 3 Der Ursprung jeder Souveränität ruht letztlich in der Nation. Keine Körperschaften, kein Individuum können eine Gewalt ausüben, die nicht ausdrücklich von ihr ausgeht.

Art. 4 Die Freiheit besteht darin, alles tun zu können, was einem anderen nicht schadet. So hat die Ausübung der natürlichen Rechte eines jeden Menschen nur die Grenzen, die den anderen Gliedern der Gesellschaft den Genuss der gleichen Rechte sichern. Diese Grenzen können allein durch Gesetz festgelegt werden.

Art. 5 Nur das Gesetz hat das Recht, Handlungen, die der Gesellschaft schädlich sind, zu verbieten. Alles, was nicht durch Gesetz verboten ist, kann nicht verhindert werden, und niemand kann gezwungen werden zu tun, was es nicht befiehlt.

Art. 6 Das Gesetz ist der Ausdruck des allgemeinen Willens. Alle Bürger haben das Recht, persönlich oder durch ihre Vertreter an seiner Formung mitzuwirken. Es soll für alle gleich sein, mag es beschützen, mag es bestrafen. Da alle Bürger in seinen Augen gleich sind, sind sie gleicherweise zu allen Würden, Stellungen und Beamtungen nach ihrer Fähigkeit zugelassen ohne einen anderen Unterschied als den ihrer Tugenden und ihrer Talente.

Art. 7 Jeder Mensch kann nur in den durch das Gesetz bestimmten Fällen und in den Formen, die es vorschreibt, angeklagt, verhaftet und gefangen gehalten werden. Diejenigen, die willkürliche Befehle betreiben, ausfertigen, ausführen oder ausführen lassen, sollen bestraft werden. [...]

Art. 8 Das Gesetz soll nur solche Strafen festsetzen, die offenbar unbedingt notwendig sind. Und niemand kann auf Grund eines Gesetzes bestraft werden, das nicht vor Begehung der Tat erlassen, verkündet und gesetzlich angewandt worden ist.

Art. 9 Da jeder Mensch so lange für unschuldig gehalten wird, bis er für schuldig erklärt worden ist, soll, wenn seine Verhaftung für unumgänglich erachtet wird, jede Härte, die nicht notwendig ist, um sich seiner Person zu versichern, durch Gesetz streng vermieden sein.

Art. 10 Niemand soll wegen seiner Meinungen, selbst religiöser Art, beunruhigt werden, solange ihre Äußerungen nicht die durch das Gesetz festgelegte öffentliche Ordnung stören.

Art. 11 Die freie Mitteilung der Gedanken und Meinungen ist eines der kostbarsten Menschenrechte. Jeder Bürger kann also frei schreiben, reden und drucken unter Vorbehalt der Verantwortlichkeit für den Missbrauch dieser Freiheit in den durch das Gesetz bestimmten Fällen. [...]

Aus: Grab, Walter (Hg.): Die Französische Revolution – Eine Dokumentation, München 1973, S. 37–39

M3 Rede Robespierres vor dem Konvent, 7. Februar 1794

Es wird Zeit, einmal klar und deutlich den Zweck der Revolution zu benennen und das Ziel ins Auge zu fassen, das wir erreichen wollen. Wir müssen uns klarmachen, welche Hindernisse dieses Ziel noch verstellen, und die Mittel erörtern, die zur Erreichung dieses Ziels einzusetzen sind [...]

Welches Ziel also streben wir an? Den friedlichen Genuss der Freiheit und Gleichheit; die Herrschaft jener ewigen Gerechtigkeit, deren Gesetze nicht in Stein oder Marmor, sondern in die Herzen aller Menschen gemeißelt sind, selbst in das des Sklaven, der sie vergisst, und in das des Tyrannen, der sie leugnet. Wir wollen eine Ordnung der Dinge, in der alle niederen und grausamen Leidenschaften unbekannt sind, wo aber zu allen wohltätigen und großherzigen Leidenschaften gesetzlich aufgefordert wird, wo der Ehrgeiz nur der Wunsch nach Ruhm und nach dem Dienst des Vaterlands ist, wo Unterschiede nur aus der Gleichheit selbst hervorgehen, wo der Bürger der Obrigkeit, die Obrigkeit dem Volke und das Volk der Gerechtigkeit unterworfen ist, wo das Vaterland das Wohlergehen eines jeden Einzelnen sichert, und jeder Einzelne mit Stolz die Blüte und den Ruhm des Vaterlandes genießt, wo alle Seelen sich erheben im dauernden Austausch republikanischer Empfindungen, [...] wo der Handel die Quelle des öffentlichen Reichtums bildet, und nicht nur des ungeheuren Überflusses einiger weniger Familien [...].

Welche Regierung kann solche Leistungen überhaupt hervorbringen? Einzig und allein eine demokratische oder republikanische, denn diese beiden Begriffe bedeuten dasselbe, auch wenn sie in der Umgangssprache falsch gebraucht werden. Die Aristokratie ist ebenso wenig die Republik wie die Monarchie. Die Demokratie ist kein Staat, in dem das ständig versammelte Volk selbst alle öffentlichen Angelegenheiten regelt, noch weniger aber ein Staat, in dem hunderttausend Fraktionen des Volkes durch übereilte, vereinzelte und widersprüchliche Maßnahmen über das Geschick der gesamten Gesellschaft entscheiden. [...] Das Grundprinzip der demokratischen oder Volksregierung bzw. ihre wesentliche Triebfeder, die sie erhält und vorwärts bewegt, ist die Tugend. Ich meine hier die öffentliche Tugend, die in Griechenland und Rom so viele Wunder hervorbrachte und die noch Erstaunlicheres im republikanischen Frankreich hervorbringen wird; eine Tugend nämlich, die nichts anderes als die Liebe zum Vaterland und seinen Gesetzen ist. [...] Aus all dem können wir eine große Wahrheit ableiten: Eine Volksregierung muss dem Volk vertrauen und streng gegen sich selbst sein. Hier könnte die Darlegung meiner Grundsätze enden, wenn das Schiff der Republik in ruhigem Wasser gleiten könnte, doch der Sturm grollt und der Stand der Revolution legt euch eine andere Aufgabe auf [...] In der gegenwärtigen Situation muss die oberste Maxime eurer Politik lauten: Dem Volk gegenüber Vernunft, den Feinden des Volks Terror! Wenn die Aufgabe der Volksregierung im Frieden die Tugend ist, so ist die Triebkraft der Volksregierung in der Revolution die Tugend und der Terror. Ohne Tugend ist der Terror verheerend, und die Tugend ist ohne den Terror machtlos. Der Terror ist nichts anderes als ein schnelles, strenges und unerbittliches Gericht, also eine Erweiterung der Tugend. Er ist nicht als besonderes Prinzip zu sehen, sondern als eine Folge des allgemeinen Prinzips der Demokratie, angewendet auf die dringendsten Bedürfnisse des Vaterlands. [...] Die inneren Feinde des französischen Volkes haben sich in zwei Gruppen geteilt wie in zwei Armeekorps. Sie marschieren unter Bannern verschiedener Farben auf verschiedenen Wegen, aber sie marschieren auf dasselbe Ziel zu. Dieses Ziel ist die Zerstörung der Volksregierung, die Vernichtung des Konvents, [...]. Die einen nennt man Moderierte, die anderen werden als Ultrarevolutionäre bezeichnet, ein Name in dem wohl mehr Witz als Wahrheit liegt [...]

Aus: Lautemann, Wolfgang/Schlenke, Manfred (Hg.): Geschichte in Quellen. Amerikanische und Französische Revolution, München 1981, S. 391–393

M4 Sansculotten gegen Robespierre, März 1794

Ich habe Euch wichtige Mitteilungen zu machen. Unseren Wohltätern [Hébertisten] ist der Prozeß gemacht, noch vor ihrer Verhaftung. Der öffentliche Ankläger und einige Richter sind sich darin einig, uns unsere wachsamsten Leute zu nehmen. Seht euch die geschickten Dekrete vom Abend vor ihrer Verhaftung an, die verbieten, die Gefangenen zu sehen, selbst wenn die Kerkermeister dabei sind. So sollen ihnen die Mittel genommen werden, das Volk über ihre Unschuld [...] aufzuklären.

Aus: Lautemann, Wolfgang/Schlenke, Manfred (Hg.): Geschichte in Quellen. Amerikanische und Französische Revolution, München 1981, S. 425 f.

M5 Barras über Robespierre, in seinen Memoiren, veröffentlicht 1795–1799

Robespierre, Sieger über alle seine persönlichen Feinde, die er als Feinde der Republik hinzustellen verstand, bildete gewissermaßen die höchste Instanz im Konvent, an die jeder sich wandte, der eine Anklage fürchtete; man fühlte sich sicher, sobald man von Robespierre nicht für schuldig gehalten wurde.

Aus: Lautemann, Wolfgang/Schlenke, Manfred (Hg.): Geschichte in Quellen. Amerikanische und Französische Revolution, München 1981, S. 432

M6 Der österreichische Schriftsteller Egon Friedell (1878–1938) über die Revolution

Wenn von der Französischen Revolution gesprochen wird, so kann man zumeist hören, ihre große historische Bedeutung habe darin bestanden, daß sie die Befreiung Frankreichs und die Befreiung Europas bewirkte, indem sie die Gesellschaft von der Herrschaft des Absolutismus, der Kirche und der privilegierten Stände erlöste; von der Proklamation der „Menschenrechte" datiere die Ära der geistigen Unabhängigkeit, der bürgerlichen Selbstgesetzgebung, des ungebundenen wirtschaftlichen Wettbewerbs. So richtig es nun zweifellos ist, daß gewisse Emanzipationsbewegungen von der Pariser Revolution ausgelöst wurden, so ist doch die Ansicht, daß der Konstitutionalismus, der Liberalismus, der Sozialismus und alle ähnlichen politischen Strömungen des neunzehnten Jahrhunderts aus dieser einen Quelle entsprungen seien, in dieser schroffen Form vorgebracht, falsch und irreführend. Die Revolution hat den entscheidenden Sieg des Bürgertums bewirkt; aber nur am Anfang: später bewirkte sie den entscheidenden Sieg des Pöbels. Die Revolution hat den Absolutismus gestürzt; aber nicht für lange: er kehrte am 2. Juni 1793 wieder als Diktatur des Konvents und der Kommune, er wurde am 1. April 1794 sogar zur Diktatur eines Einzelnen, nämlich Robespierres, nicht formell, aber de facto, und er wurde es formell und de facto am 18. Brumaire durch den Staatsstreich Napoleons. Und ebensowenig hat die Revolution die alten Formen des Geburtskönigtums, der Adelsherrschaft, des Priesterregiments endgültig zerbrochen: diese totgesagten Mächte erlebten ihre Auferstehung zum Teil schon unter dem ersten Kaiserreich und fast restlos unter der Restauration Ludwigs des Achtzehnten und Karls des Zehnten. Die Gleichheit hat die Französische Revolution nicht gebracht; sie hat nur zu einer anderen, noch viel verwerflicheren Form der Ungleichheit geführt: der kapitalistischen. Die Freiheit hat die Französische Revolution nicht gebracht; sie übte dieselbe engherzige, grausame und selbstsüchtige Geisteszensur wie das ancien régime, nur diesmal im Namen der Freiheit und mit viel drakonischeren Mitteln. Sie fragte jedermann: bist du für die Freiheit?, und wenn er nicht eine ganz unzweideutige Auskunft gab, so antwortete sie nicht mehr mit lettres de cachet, sondern mit der Guillotine.

Friedell, Egon: Kulturgeschichte der Neuzeit. Ungekürzte Sonderausgabe in einem Band, 3. Aufl. München 2012, S. 843 f.

M7 Der britische Historiker Jonathan Israel (*1946) über die Revolution

Die Französische Revolution war qualitativ anders als alle bekannten Revolutionen davor, und für uns hat sie fundamentalere Bedeutung als die Revolutionen, die danach kamen, fundamentalere sogar als etwa die Russische Revolution. Dies liegt an der besonderen Beziehung der Französischen Revolution zur Aufklärung, speziell zu deren radikalem Flügel, der republikanisch, demokratisch und säkularistisch dachte. Grundlegend wirkte sie vor allem dadurch, dass sie den Nachgeborenen die Konturen, aber auch die Dilemmata einer neuen Gesellschaft mitgab; unter diesen Gaben waren der moderne Republikanismus, die konstitutionelle Monarchie und Demokratie; sie führte die sozialen und verfassungsmäßigen Prinzipien ein, welche die moderne politische Welt kennzeichnen. Die späteren Revolutionen in Europa, Lateinamerika und Asien weisen Spurenelemente davon auf. Jene Revolution am Ende des 18. Jahrhunderts ist bisher die einzige demokratische Revolution geblieben, die Demokratie als Streben danach konzipierte, Wohlfahrt für die Mehrheit sicherzustellen; die Regierung wurde auf das Gemeinwohl der Gesamtgesellschaft verpflichtet; sie sollte eben nicht allein für Ordnung sorgen und Eigentum und Besitz verteidigen, sondern – vordringlich sogar – ökonomische Ungleichheiten bekämpfen.

Israel, Jonathan: Die Französische Revolution. Ideen machen Politik, Stuttgart 2017, S. 788

1. Lesen Sie sich in Ihrem Schulbuch den darstellenden Überblickstext zur Französischen Revolution durch.
2. Ordnen Sie die Quelle M3 in ihren historischen Kontext (innerhalb der Französischen Revolution) ein. Informieren Sie sich hierzu a) über den Autor, b) über die entsprechende Phase der Revolution, innerhalb derer die Quelle verfasst wurde.
3. Erläutern Sie Robespierres Vorstellungen von einer zukünftigen Gesellschaft.
4. Setzen Sie den Weg, welchen er zum Erreichen seiner Vorstellungen skizziert, in Bezug zu den Inhalten der Erklärung der Menschen- und Bürgerrechte (M2). Berücksichtigt auch die Materialien M4 und M5.
5. Vergleichen Sie die Urteile über die Französische Revolution (M6 und M7).
6. Reflektieren Sie, weshalb die Französische Revolution einerseits als epochenmarkierendes Ereignis von Weltbedeutung in unser Geschichtsverständnis eingegangen ist, andererseits aber die hohen Erwartungen, die viele Zeitgenossen an sie stellten, nicht einlösen konnte.
7. Verwenden Sie M1 (Steckbrief) sowie Ihre Arbeitsergebnisse zu den Aufträgen 1–7 als Grundlage für eine Präsentation zur Französischen Revolution. Stellen Sie bei der Präsentation konkrete Bezüge zu den von Ihnen erarbeiteten Revolutionsmerkmalen her.

M1 Steckbrief

Missstände/Ursachen	sozialökonomische Krise vorindustrieller, handwerklicher Berufe; Überbevölkerung ganzer Regionen, Proletarisierung der Städte, Pauperismus; Missernten (Kartoffelfäule), Hunger- und Teuerungskrisen; internationale Konjunkturkrise (H.-U. Wehler)
Auslöser	*Dtl.:* Nachricht von den Pariser Ereignissen: Am 24.2.1848 wurde der Thron von Louis Philippe auf dem Bastilleplatz verbrannt.
Gruppierungen/Parteien	Demokraten – Liberale
Charismatische Führungspersönlichkeiten	*Österr.:* Alexander Bach, Alfred Lohner *Dtl.:* Robert Blum, Friedrich Hecker, Gustav Struwe; Stefan Born, Alexander Held
Phasen/Etappen/Zeittafel	1848 *März* „Märzrevolution" in Deutschland *Mai* Nationalversammlung tritt in der Frankfurter Paulskirche zusammen *Herbst* Gegenrevolution formiert sich 1849 *März* Verabschiedung der Frankfurter Paulskirchenverfassung, Kaiserwahl *April* Zurückweisung der Kaiserkrone durch Friedrich Wilhelm IV.
Folgen	rigorose Beschneidung der Pressefreiheit; Emigration nach Amerika; Schwächung des Liberalismus als politische Kraft, „Erstickung" demokratischer Parteigruppierungen

M2 Karte zur Revolution 1948/49

Aus: 1848. Aufbruch zur Freiheit. Ausstellungskatalog, hg. von Lothar Gall, Berlin u. a. 1998, S. 110

Das Offenburger Programm der südwestdeutschen Demokraten, 10. September 1847

Art. 1. Wir verlangen, daß sich unsere Staatsregierung lossage von den Karlsbader Beschlüssen vom Jahre 1819, von den Frankfurter Beschlüssen von 1831 und 1832 und von den Wiener Beschlüssen von 1834. Diese Beschlüsse verletzen gleichmäßig unsere unveräußerlichen Menschenrechte, wie die deutsche Bundesakte und unsere Landesverfassung.

Art. 2. Wir verlangen Preßfreiheit: das unveräußerliche Recht des menschlichen Geistes, seine Gedanken unverstümmelt mitzuteilen, darf uns nicht länger vorenthalten werden.

Art. 3. Wir verlangen Gewissens- und Lehrfreiheit. Die Beziehungen des Menschen zu seinem Gott gehören seinem innersten Wesen an, und keine äußere Gewalt darf sich anmaßen, sie nach ihrem Gutdünken zu bestimmen. Jedes Glaubensbekenntnis hat daher Anspruch auf gleiche Berechtigung im Staat. Keine Gewalt dränge sich mehr zwischen Lehrer und Lernende. Den Unterricht scheide keine Konfession.

Art. 4. Wir verlangen Beeidigung des Militärs auf die Verfassung. Der Bürger, welchem der Staat die Waffen in die Hand gibt, bekräftige gleich den übrigen Bürgern durch einen Eid seine Verfassungstreue.

Art. 5. Wir verlangen persönliche Freiheit. Die Polizei höre auf, den Bürger zu bevormunden und zu quälen. Das Vereinsrecht, ein frisches Gemeindeleben, das Recht des Volks, sich zu versammeln und zu reden, das Recht des Einzelnen, sich zu bewegen und auf dem Boden des deutschen Vaterlandes frei zu verkehren, seinen hierfür ungestört.

Art. 6. Wir verlangen Vertretung des Volks beim deutschen Bund. Dem Deutschen werde ein Vaterland und eine Stimme in dessen Angelegenheiten. Gerechtigkeit und Freiheit im Innern, eine feste Stellung dem Ausländer gegenüber gebühren uns als Nation.

Art. 7. Wir verlangen eine volkstümliche Wehrverfassung. Der waffengeübte und bewaffnete Bürger kann allein den Staat schützen. Man gebe dem Volk Waffen und nehme von ihm die unerschwingliche Last, welche die stehenden Heere ihm auferlegen.

Art. 8. Wir verlangen eine gerechte Besteuerung, Jeder trage zu den Lasten des Staats nach Kräften bei. An die Stelle der bisherigen Steuer trete eine progressive Einkommenssteuer.

Art. 9. Wir verlangen, daß die Bildung durch Unterricht allen gleich zugänglich werde. Die Mittel dazu hat die Gesamtheit in gerechter Verteilung aufzubringen.

Art. 10. Wir verlangen Ausgleichung des Mißverhältnisses zwischen Arbeit und Kapital. Die Gesellschaft ist schuldig, die Arbeit zu heben und zu schützen.

Art. 11. Wir verlangen Gesetze, welcher freier Bürger würdig sind, und deren Anwendung durch Geschworenengerichte. Der Bürger werde von dem Bürger gerichtet. Die Gerechtigkeitspflege sei Sache des Volks.

Art. 12. Wir verlangen eine volkstümliche Staatsverwaltung. Das frische Leben eines Volks bedarf freier Organe. Nicht aus der Schreibstube lassen sich die Kräfte regeln und bestimmen. An die Stelle der Vielregierung der Beamten trete die Selbstregierung des Volks.

Art. 13. Wir verlangen Abschaffung aller Vorrechte. Jedem sei die Achtung freier Mitbürger einziger Vorzug und Lohn.

Augsburger Allgemeine Zeitung vom 19. September 1847, S. 2495. Aus: Huber, Ernst Rudolf (Hg.): Dokumente zur Deutschen Verfassungsgeschichte. Band 1: Deutsche Verfassungsdokumente 1803–1850, Stuttgart 1961, S. 261 f.

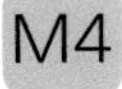

Petition Mannheimer Bürger, 27. Februar 1848

Eine ungeheure Revolution hat Frankreich umgestaltet. Vielleicht in wenigen Tagen stehen französische Heere an unseren Grenzmarken, während Rußland die seinigen im Norden zusammenzieht. Ein Gedanke durchzuckt Europa. Das alte System wankt und zerfällt in Trümmer. Aller Orten haben die Völker mit kräftiger Hand die Rechte sich selbst genommen, welche ihre Machthaber ihnen vorenthielten. Deutschland darf nicht länger zusehen, wie es mit Füßen getreten wird. Das deutsche Volk hat das Recht zu verlangen:

Wohlstand, Bildung und Freiheit für alle Klassen der Gesellschaft, ohne Unterschied der Geburt und des Standes.

Die Zeit ist vorüber, die Mittel zu diesen Zwecken lange zu berathen. Was das Volk will, hat es durch seine gesetzlichen Vertreter, durch die Presse und durch Petitionen deutlich genug ausgesprochen. Aus der großen Zahl von Maßregeln, durch deren Ergreifung allein das deutsche Volk gerettet werden kann, heben wir hervor: 1. Volksbewaffnung mit freien Wahlen der Offiziere. 2. Unbedingte Preßfreiheit. 3. Schwurgerichte nach dem Vorbilde Englands. 4. Sofortige Herstellung eines deutschen Parlamentes.

Diese vier Forderungen sind so dringend, daß mit deren Erfüllung nicht länger gezögert werden kann und darf.

Vertreter des Volks! Wir verlangen von Euch, daß Ihr diese Forderungen zu ungesäumter Erfüllung bringet. Wir stehen für dieselben mit Gut und Blut ein und mit uns, davon sind wir durchdrungen, das ganze deutsche Volk.

Aus: 1848. Aufbruch zur Freiheit. Ausstellungskatalog hg. von Lothar Gall, Berlin u. a. 1998, S. 120

M5 Karikatur zum Verfassungsentwurf, 1848

„Drei deutsche Professoren entwerfen den Entwurf des Entwurfs für die Verfassung des deutschen Reichsheeres"
Karikatur von Alfons von Boddien

M6 Brief über die Niederschlagung der Revolution, 17. August 1849

Kathinka Zitz (1801–1877) berichtet in ihren Briefen von den Standgerichtsprozessen in Mannheim, die die preußischen Truppen nach der Kapitulation der badischen Revolutionsarmee durchführten.

[...] Heute steht ein Schullehrer vor dem Kriegsgericht*. Schullehrer Höfer, ein schöner junger Mann von 28 Jahren, wurde zum Tode verurteilt. Den Tag über stand seine junge Frau, Mutter eines sechs Wochen alten Kindes, gleich einem Bild der Verzweiflung vor dem Sitzungslokale auf der Straße, ohne dass ein Mensch es gewagt hätte, diese Bedauernswürdige auch nur durch ein Wort zu trösten. Als sie erfuhr, dass ihr Mann zum Tode verurteilt sei, stieß sie einen Schrei aus, der den Richtern in ihrer Todesstunde gewiss dereinst in die Ohren klingen wird. Höfer bat um die Gunst sofort erschossen zu werden, welche ihm denn auch zugestanden wurde, dann schritt er stolz wie ein Römer aus dem Saal auf die Straße. Sein verzweifeltes Weib drängte sich unter Jammergeschrei durch die ihn umringenden Soldaten um ihm noch einmal die Hand zu reichen, ward aber unbarmherzig zurückgestoßen. [...] Um sechs Uhr verurteilt, war Höfer um sieben Uhr bereits eine Leiche. [...] Die hiesige Stimmung ist eine unsäglich bittere. Wo ich hinkomme, finde ich Tränen, Jammer und Schmerz. [...] In Rastatt werden die Gefangenen in eine Reihe entkleidet nebeneinander gestellt, gleichzeitig erschossen und dann ohne Sarg in ein Loch geworfen. [...] Ich sehne mich fort aus einer Stadt, in welcher die Luft nach Blut riecht und das menschliche Gefühl auf eine stete Folterbank gespannt wird. Heute wurden siebzehn leere Särge auf den Gottesacker gebracht, die noch alle mit Opfern des Standesgerichts gefüllt werden sollen.

* Insgesamt wurden 27 Todesurteile vollstreckt, in weiteren Verfahren vor zivilen Gerichten wurden knapp 1000 weitere Aufständische verurteilt.

Kathinka Zitz: Mannheimer Briefe. Aus: Lebenswelten 3: Das 19. Jahrhundert, Stuttgart 2001, S. 114

M7 Der Historiker Thomas Nipperdey (1927–1992) über Folgen der Revolution

Das Ergebnis der Revolution ist nicht nur das Scheitern. Die Revolution hat über alle Eliten hinweg eine nationale Öffentlichkeit geschaffen, eine national-demokratische Nation. Die Revolution hat die Ära Metternichs, die Ära der Restauration beendet und auch die wesentlichen Bestände der feudalen Gesellschaft beseitigt. Trotz des Scheiterns – die Zeit seither ist bürgerlicher geworden. Und der Übergang Preußens in die Reihe der Verfassungsstaaten paßt in diesen Zusammenhang. Der Aufstieg der Bürger war nicht auf Dauer abgeblockt, er war abgebremst, aber nach zehn Jahren setzte er wieder ein. Nichts war nach der Revolution mehr so, wieder so wie vorher. Aber die Krise zwischen Staat und Gesellschaft blieb unausgetragen; das belastete die deutsche Geschichte.

Nipperdey, Thomas: Geschichte 1800–1866. Bürgerwelt und starker Staat, München 2013, S. 669 f.

M8 Der Historiker Frank Engehausen (*1963) über die Bedeutung der Revolution

Auch wenn ein einheitliches Revolutionsbild schon seit geraumer Zeit nicht mehr existiert und – darauf deutet die zunehmende Fragmentierung der Revolution durch die jüngere Forschung hin – sich vielleicht gar nicht wiederherstellen lässt, ist doch die zentrale Bedeutung der Ereignisse der Jahre 1848/49 für die deutsche Geschichte des 19. Jahrhunderts unbestritten. Die Revolution war eine Phase beschleunigten historischen Wandels, in der die wichtigsten Entwicklungsprobleme kulminierten, die den Übergang einer noch weitgehend durch agrarische und ständische Elemente gekennzeichneten alten Gesellschaftsordnung zu einer modernen Industriegesellschaft kennzeichneten. So offenbaren die massiven Protestaktionen der städtischen und ländlichen Unterschichten in voller Schärfe die Widrigkeiten des für das 19. Jahrhundert langfristig festzustellenden sozialen Nivellierungsprozesses*, den die Revolution mit ihren Agrarreformen zumindest in einem Teilbereich beschleunigte. Noch deutlicher kamen die egalitären* Tendenzen des Zeitalters im engeren Bereich des Politischen zum Ausdruck. Das Konzept der Volkssouveränität* mit seinen weitreichenden Konsequenzen gelangte 1848/49 zum Durchbruch und spielte fortan bei allen Versuchen einer Modernisierung der politischen Ordnungen eine zentrale Rolle. Mit Blick auf die Ausweitung der politischen Partizipationsrechte* der Massen blieb der kurzfristige Ertrag der Revolution zwar gering und erschöpfte sich im Wesentlichen in der Konstitutionalisierung* Preußens; hinsichtlich der Ausweitung der Partizipationsansprüche der Massen dagegen hatte sie eine enorme Wirkung: Sie führte zu einer Fundamentalpolitisierung der Gesellschaft, deren verschiedene Gruppen – von den Arbeitern bis zum Adel – die 1848/49 rasch erworbenen Organisations- und Kommunikationserfahrungen dauerhaft verinnerlichten.

Engehausen, Frank: Die Revolution von 1848/49, Paderborn u. a. 2007, S. 275 f.

* nivellieren: ausgleichen von Unterschieden
* egalitär: auf politische, soziale Gleichheit ausgerichtet
* Volkssouveränität: Grundprinzip der Legitimation demokratischer Herrschaft, nach dem alle Staatsgewalt vom Volk ausgeht
* Partizipation: Teilhabe, Beteiligung
* Konstitutionalisierung: Entstehung einer Verfassung

1. Lesen Sie sich in Ihrem Schulbuch den darstellenden Überblickstext zur Revolution von 1848/49 durch.
2. Verschriftlichen Sie die aus M2 (Karte) zu gewinnenden Informationen.
3. Recherchieren Sie arbeitsteilig zum Verständnis der Quellen (M3, M4 und M6) wichtige Hintergrundinformationen und verfassen sie entsprechende erläuternde Fußnoten. Stellen Sie sich die Quellen nun innerhalb ihrer Gruppe gegenseitig vor. Überlegen Sie gemeinsam, welche Fragen bezüglich der Revolution von 1848/49 sich mit diesen Quellen beantworten lassen und welche offenbleiben.
4. Interpretieren Sie die Karikatur (M5).
5. Bereiten Sie arbeitsteilig kurze Präsentationen zu Ursachen, Verlauf und Folgen der Revolution in Preußen, Österreich und den Mittelstaaten vor.
6. Fassen Sie die Kernaussagen der Materialien M7 und M8 in Form von Thesen zusammen.
7. Prüfen Sie, welche der von Ihnen zusammengestellten Merkmale von Revolutionen gegeben sind.
8. Beurteilen Sie die historische Bedeutung der (deutschen) Revolution von 1848/49.

M1 Steckbrief

Missstände/Ursachen	allgemeine Kriegsmüdigkeit, schlechte Versorgung in den Städten; Vertrauensverlust in den Zaren, der persönlich für die Probleme verantwortlich gemacht wurde
Auslöser	Rebellion der Arbeiter der Putilow-Werke, Demonstration der Frauen für mehr Brot
Gruppierungen/Parteien	Bolschewiki
Charismatische Führungspersönlichkeiten	Trotzki, Lenin
Phasen/Etappen	Die Februarrevolution 1917 Die Oktoberrevolution 1917 Der Rote Terror
Folgen	Sturz des Zaren; Bürgerkrieg; Errichtung einer kommunistischen Diktatur; Gründung der Sowjetunion („Union der Sozialistischen Sowjetrepubliken", kurz: UdSSR); Systemkonkurrenz zwischen Kommunismus und Kapitalismus (Ost-West-Konflikt)

M2 Brief Leo Tolstois an Zar Nikolaus II., 16. Januar 1902

Lieber Bruder,

diese Anrede hielt ich für die angemessenste, weil ich mich mit diesem Brief nicht so sehr an den Zaren wie an den Menschen – den Bruder wende. Außerdem auch noch deswegen, weil ich Ihnen gleichsam aus jener Welt schreibe, fühle ich doch den Tod nahen. Ich wollte nicht sterben, ohne Ihnen gesagt zu haben, was ich über Ihr gegenwärtiges Wirken denke und darüber, wie es sein, welch großes Glück es Millionen Menschen und Ihnen bringen könnte und welch großes Unheil es den Menschen und Ihnen bringen kann, wenn es die Richtung beibehält, in der es jetzt verläuft. Ein Drittel Russlands befindet sich im Zustand verschärfter Überwachung, das heißt außerhalb des Gesetzes. Die Armee der Polizisten – der öffentlichen und der geheimen – vergrößert sich ständig. Die Gefängnisse, die Orte der Verbannung und der Sträflingsarbeit sind neben Hunderttausenden Krimineller mit politischen Häftlingen überfüllt, zu denen jetzt auch die Arbeiter gerechnet werden. Die Zensur hat eine Unsinnigkeit der Verbote erreicht, wie es in der schlimmsten Zeit der vierziger nicht der Fall gewesen war. Die religiösen Hetzjagden sind nie so häufig und grausam gewesen wie jetzt, und sie werden immer grausamer und häufiger. Überall in den Städten und Fabrikzentren sind Truppen konzentriert, und sie werden mit scharfer Munition gegen das Volk geschickt. An vielen Orten ist es schon zu brudermörderischem Blutvergießen gekommen, und neues und noch grausameres Blutvergießen wird überall vorbereitet und wird unweigerlich stattfinden.

Und als Ergebnis dieses ganzen verschärften und unmenschlichen Vorgehens der Regierung erweist sich, das den Acker bestellende Volk – jene 100 Millionen, auf denen die Stärke Rußlands beruht – wird trotz des unmäßig anwachsenden Staatsbudgets, oder richtiger, infolge dieses Anwachsens, mit jedem Jahr ärmer, so daß der Hunger zu einer normalen Erscheinung geworden ist. Und zu einer ganz gleichen Erscheinung ist die allgemeine Unzufriedenheit aller Stände mit der Regierung und die feindselige Einstellung gegen sie geworden.

Und all dies hat eine einzige, offen zutage tretende Ursache: Ihre Helfer versichern Ihnen nämlich, wenn sie jeder lebendigen Bewegung im Volk Einhalt geböten, sicherten sie damit das Wohlergehen dieses Volkes sowie Frieden und Sicherheit für Sie persönlich. Aber man kann doch eher den Lauf eines Flusses zum Stehen bringen als die von Gott bewirkte ewige Vorwärtsbewegung der Menschheit.

Der Absolutismus ist eine überlebte Regierungsform, die vielleicht den Bedürfnissen eines Volkes irgendwo im weltfernen Zentralafrika entsprechen kann, nicht aber den Bedürfnissen des russischen Volkes, das sich in immer zunehmendem Maße die der ganzen Welt gemeinsame Bildung aneignet. [...] Mit Gewaltmaßnahmen kann man das Volk unterdrücken, aber nicht regieren. [...] Um dazu jedoch imstande zu sein, muß man sich diese Wünsche und Nöte anhören und diejenigen davon erfüllen, die den Bedürfnissen nicht nur einer Klasse oder eines Standes, sondern der Mehrheit, der großen Masse des arbeitenden Volkes entsprechen. [...]

Ihr Ihnen aufrichtig wahres Glück wünschender Bruder

Lew Tolstoi

Aus: Beil, Ralf (Hg.): Kunst und Kultur im Reich des letzten Zaren. Russland 1900, Köln 2008, S. 261–265.

M3 Lenins „Aprilthesen", 1917

1. In unserer Stellung zum Krieg, der seitens Rußlands auch unter der neuen Regierung Lwow und Konsorten, infolge des kapitalistischen Charakters dieser Regierung, unbedingt ein räuberischer, imperialistischer Krieg bleibt, sind auch die geringsten Zugeständnisse [...] unzulässig. [...]
2. Die Eigenart der gegenwärtigen Lage in Rußland besteht im Übergang von der ersten Etappe der Revolution, die infolge des ungenügend entwickelten Klassenbewußtseins und der ungenügenden Organisiertheit des Proletariats der Bourgeoisie die Macht gab, zur zweiten Etappe der Revolution, die die Macht in die Hände des Proletariats und der ärmsten Schichten der Bauernschaft legen muß [...]
3. Keinerlei Unterstützung der Provisorischen Regierung [...]
4. Anerkennung der Tatsache, daß unsere Partei in der Mehrzahl der Sowjets der Arbeiterdeputierten in der Minderheit, vorläufig sogar in einer schwachen Minderheit ist [...]. Solange wir in der Minderheit sind, leisten wir die Arbeit der Kritik und Klarstellung der Fehler, wobei wir gleichzeitig die Notwendigkeit des Übergangs der gesamten Staatsmacht an die Sowjets der Arbeiterdelegierten propagieren, damit die Massen sich durch die Erfahrung von ihren Fehlern befreien.
5. Keine parlamentarische Republik [...], sondern eine Republik der Sowjets der Arbeiter-, Landarbeiter- und Bauerndeputierten im ganzen Lande, von unten bis oben. [...]
6. [...] Nationalisierung des *gesamten* Bodens im Lande; die Verfügungsgewalt über den Boden steht den örtlichen Sowjets der Landarbeiter- und Bauerndeputierten zu. [...]
7. Sofortige Verschmelzung aller Banken des Landes zu einer Nationalbank und Einführung der Kontrolle über die Nationalbank durch den Sowjet der Arbeiterdeputierten.
8. Nicht „Einführung" des Sozialismus als unsere *unmittelbare* Aufgabe, sondern augenblicklich nur Übergang zur Kontrolle über die gesellschaftliche Produktion und Verteilung der Erzeugnisse durch den Sowjet der Arbeiterdeputierten.
9. Aufgaben der Partei: a) sofortiger Parteitag; b) Änderung des Parteiprogramms, in der Hauptsache: 1. über den Imperialismus und den imperialistischen Krieg; 2. über die Stellung zum Staat und unsere Forderung eines „Kommunestaates"; 3. Berichtigung des veralteten Minimalprogramms; c) Änderung des Namens der Partei.
10. Erneuerung der Internationale. Initiative zur Gründung einer revolutionären internationale, einer Internationale gegen die Sozialchauvinisten und gegen das „Zentrum" [...]

Aus: Lautemann, Wolfgang/Schlenke, Manfred (Hg.): Geschichte in Quellen. Weltkriege und Revolutionen 1914–1945, bearbeitet von Günter Schönbrunn, München 1961, S. 71 f.

M4 Leo Trotzki (1879–1940): Revolution in Russland, 1918

Als unsere Partei sich der Regierung bemächtigte, kannten wir im Voraus alle Schwierigkeiten, denen wir entgegengingen. In ökonomischer Hinsicht war das Land durch den Krieg bis zum letzten Grad erschöpft. Die Revolution hatte den alten administrativen Apparat zerstört, ohne Zeit zu haben, zu seiner Ablösung einen neuen zu schaffen. Millionen von Arbeiterkräften waren infolge des drei Jahre langen Krieges aus den wirtschaftlichen Zellen des Landes herausgerissen, deklassiert und psychisch entwurzelt. Die ungeheure Militärindustrie [...] verschlang die Lebenssäfte des Volkes. Die Demobilisation dieser Industrie war mit den größten Schwierigkeiten verbunden. Erscheinungen wirtschaftlicher und politischer Anarchie dehnten sich weit über das Land aus. Die russischen Bauern waren [...] von oben herab von der eisernen Disziplin des Zarismus zusammengepresst gewesen. [...] In psychologischer Hinsicht bedeutete die Revolution unter den Bauernmassen das Erwachen der menschlichen Persönlichkeit. Die anarchischen Formen dieses Erwachens erschienen nach der vorangegangenen Unterjochung als unvermeidliche Folgen. Zur Etablierung der neuen Ordnung, die auf der Kontrolle der Produktion durch die Arbeitenden selbst beruht, kann man nur auf dem Wege einer stetigen und inneren Ausmerzung der anarchischen Äußerungen der Revolution gelangen.

[...] Die Revolution warf in radikalster Weise die Frage nach dem Privateigentum des Bodens und der Produktionsmittel auf, d. h. nach Leben und Tod der ausbeutenden Klassen. In politischer Hinsicht bedeutet das einen erbitterten [...] Bürgerkrieg. Der Bürgerkrieg nährt aber seinerseits unvermeidlich alle anarchischen Tendenzen in der Bewegung der arbeitenden Massen. Bei einem Niedergang der Industrie, der Finanzwirtschaft, der Verkehrsmittel und der Verpflegung legt auf diese Weise ein anhaltender Bürgerkrieg jeder produktiven organisatorischen Arbeit ungeheure Schwierigkeiten in den Weg. Dessen ungeachtet hat die Sowjetregierung das Recht, mit vollem Vertrauen der Zukunft entgegen zu schauen. Nur die genaue Berechnung aller Einkünfte des Landes, nur eine rationelle, d. h. von einem allgemeinen Plan ausgehende Organisation der Produktion, nur eine vernünftige und sparsame Verteilung aller Produkte können das Land retten. Und das heißt Sozialismus. [...]

Früher oder später wird die proletarische Revolution in Europa und Amerika ausbrechen und Erlösung bringen [...] für die ganze leidende Menschheit.

Trotzki, Leo: Von der Oktoberrevolution bis zum Brester Friedensvertrag (geschrieben 1918). Aus: ders.: Revolution in Russland. Ausgewählte Schriften zur Revolution, Berlin 2017, S. 97–98

M5 Der Historiker Manfred Hildermeier (*1948) über das Jahr 1917

Die Februarrevolution: Selten hat eine Massenbewegung einen so durchschlagenden Erfolg errungen wie der Protest der Arbeiter von Petrograd. Dies trug ihr den Ruf besonderer Spontaneität ein. Im Februar 1917 schien sich die Empörung über den Blutsonntag von 1905 zu wiederholen: Arbeiter und Soldaten gaben „unverfälscht", ohne Anleitung von außen, zu Protokoll, was sie vom Staat hielten. Zumal im Vergleich zum Oktoberumsturz ist diese Kennzeichnung weithin akzeptiert worden.

Der Oktoberumsturz: Wenige Ereignisse haben so tiefe Spuren in der Gegenwart hinterlassen wie das gewaltsame Ende der Provisorischen Regierung. Von langer Hand vorbereitet und im Stile eines militärischen Kommandounternehmens durchgeführt, brachte es die Bolschewiki an die Hebel der ersehnten Macht. Über den Charakter des Putsches wurde seither ebenso heftig gestritten wie über die Kennzeichnung der sozialen und staatlichen Ordnung, die er hervorbrachte. Das Monumentalgemälde vom Massenaufstand der „Großen Sozialistischen Oktoberrevolution" – so ehedem die verbindliche sowjetische Sprachregelung – ist endgültig ins Reich der Mythenbildung verwiesen. Mit dem Ende des Kommunismus sind die letzten Lobeshymnen verstummt. Der Vorschein auf eine bessere Gesellschaft entpuppte sich als Irrlicht, [...] Intensive sozialgeschichtliche Forschungen der letzten drei Jahrzehnte haben die tiefen Gräben an den Tag gebracht, die sich schon bald nach dem Sturz der Monarchie wieder in der russischen Gesellschaft auftaten.

Hildermeier, Manfred: Geschichte der Sowjetunion 1917–1991. Entstehung und Niedergang des ersten sozialistischen Staates, München 1998, S. 64, 105

M6 Der Historiker Martin Aust (*1971) über Folgen für die Gegenwart

Nach dem Ende der Monarchie standen 1917 die großen Verfassungsfragen von Staat und Gesellschaft auf der Tagesordnung: Wie weit sollte die Partizipation der Gesellschaft an der Politik gefasst und in welche Verfassungsform sollte sie gegossen werden? Die verfassungsgebende Versammlung, die die Revolutionäre wählen ließen, jagten die Bol'seviki in den frühen Januartagen 1918 auseinander. Heutzutage lässt sich Opposition gegen Putins inszenierte Demokratie und seine Machtvertikale allein in einigen Nischen des Internets und in der Emigration vortragen. Parteien und Politiker, die offen für eine neuerliche Demokratisierung Russlands eintreten, sind entweder marginalisiert oder müssen mit Repressionen rechnen. In einem Russland nach Putin wird die Frage nach dem politischen Verhältnis von Staat und Gesellschaft erneut auf der Agenda stehen.

Die Revolutionen 1917 waren auch von der Frage geprägt, wie die Revolutionäre sich zum imperialen Erbe des Zarenreiches verhielten. Welchen Status sollten die zahlreichen Regionen und verschiedensten Nationsbildungsprojekte in einem neuen Russland erhalten? Die Bol'seviki begriffen sich als Kämpfer gegen den Imperialismus in der Welt. Aus der Hinterlassenschaft des zarischen Vielvölkerreiches schufen sie entgegen ihrem eigenen Willen und ihren erklärten Absichten ein Imperium neuen Typs, das sie freilich so nicht nannten. In der Russländischen Föderation stellt sich abermals die Frage nach dem Umgang mit dem nun doppelten imperialen Erbe des Zarenreiches und der Sowjetunion.

Aust, Martin: Die Russische Revolution. Vom Zarenreich zum Sowjetimperium, München 2017, S. 7 f.

1. Lesen Sie sich in Ihrem Schulbuch den darstellenden Überblickstext zur Russischen Revolution durch.
2. Recherchieren Sie biografische Daten zu Tolstoi. Ordnen Sie seinen Brief (M2) in seinen historischen Kontext ein.
3. Informieren Sie sich über das Leben und Wirken Lenins und Trotzkis und verfassen Sie jeweils einen kurzen Lexikoneintrag.
4. Erläutern Sie die von Lenin verfassten Ziele der Bolschewiki (M3).
5. Arbeiten Sie aus dem Text (M4) heraus, vor welchen Herausforderungen die Revolution Trotzki zufolge steht.
6. Bereiten Sie arbeitsteilig kurze Präsentationen zur a) Russischen Revolution von 1905, b) Februarrevolution 1917, c) Oktoberrevolution 1917 vor. Prüfen Sie jeweils, welche der von Ihnen zusammengestellten Merkmale von Revolutionen vorhanden sind und welche fehlen.
7. Vergleichen Sie Ursache, Verlauf und Ergebnisse der Februarrevolution mit den Ereignissen des Novembers 1918 in Deutschland.
8. Informieren Sie sich über die gesellschaftliche und politische Lage in Russland heute und nehmen Sie begründet Stellung zu dem von Aust hergestellten Aktualitätsbezug der Russischen Revolution (M6).
9. Beurteilen Sie die historische Bedeutung der Russischen Revolution(en).

M1 Steckbrief

Missstände/Ursachen	Kriegsmüdigkeit; Vertrauensverlust in den Kaiser und die Monarchie
Auslöser	Entscheidung der Seekriegsleitung, die Hochseeflotte zu opfern
Gruppierungen/Parteien	Arbeiterbewegung; SPD, USPD, KPD
Charismatische Führungspersönlichkeiten	Friedrich Ebert Karl Liebknecht Rosa Luxemburg
Phasen	1. Vom Revolutionsbeginn in Kiel bis zur Gründung der KPD 2. Januarkämpfe und Verfassunggebende Versammlung 3. Von den Märzunruhen 1919 bis zum letzten revolutionären Aufbäumen 1920
Folgen	Abdankung des Kaisers; Dolchstoßlegende; Gründung der Kommunistischen Partei Deutschlands; Gründung der Weimarer Republik

M2 Brief eines Matrosen an seinen Vater, 2. November 1918

Mein lieber Vater,

am Montagnachmittag ging die gesamte Hochseeflotte aus dem Hafen, alles, was dazu gehört, wie Torpedoboote, kleine Kreuzer, große Kreuzer und sämtliche Linienschiffe. Obwohl S.M.S. Kaiser, Pillau und Königsberg Maschinen-Havarie hatten, sind die Schiffe doch mitgefahren. Das war kein gutes Zeichen [...] Bei uns stieg nachmittags der gesamte Flottenstab über und quartierte sich für mehrere Tage ein, obwohl bei gewöhnlichem Manöver der Stab nur einen Tag hier an Bord bleibt. Es wurde uns nun am Montagabend bekannt, dass ein großer Vorstoß geplant war, der, falls er zur Ausführung gelangt wäre, uns alle das Leben gekostet hätte. Aber es kam anders. [...] Nachts 3 Uhr sollte die gesamte Flotte auslaufen, aber die einzelnen Schiffskommandanten meldeten ihrem Geschwaderchef und dieser dem Flottenchef Admiral von Hipper, dass die Besatzungen gemeinschaftlich den Gehorsam zum Ausfahren verweigern wollten. Daraufhin wurde das Unternehmen um vier Stunden verschoben. Da sich aber die Stimmung nicht gebessert hatte, obwohl uns die Kommandanten durch allerhand schön gehaltene Reden anfeuern und irreführen wollten, wurde es nochmals verschoben und dann noch einmal.

Am Donnerstag früh sollte es aber unbedingt rausgehen. Es wurde folgendes Geheimsignal an alle abgegeben: „Vorhaben ist unbedingt zur Ausführung zu bringen." 8,15 Uhr sollte die Fahrt auf Nimmerwiedersehen angetreten werden, aber es kamen ungefähr eine Stunde vorher wieder Geheimsignale zurück: „Vorhaben kann unmöglich ausgeführt werden." Die Offiziere hatten nämlich inzwischen einsehen müssen, dass sie mit diesen Besatzungen ihren verbrecherischen Streich nicht ausführen konnten. [...]

Nun wurden wieder große Reden von den einzelnen Schiffskommandanten gehalten [...]. Jetzt wollten sie es so hinstellen, als sei nur ein harmloses Manöver beabsichtigt gewesen. Dass dies aber nicht der Fall war, will ich Dir im einzelnen beweisen: [...] Auf dem Panzerkreuzer Derflinger haben die Offiziere ihre ganzen Privatsachen ans Land gebracht, ferner hat ein Offizier einen Abschiedsbrief an seine Eltern geschrieben, in dem u. a. stand: „Diese Schmach wollen wir nicht mitmachen, wir sterben lieber den Heldentod." [...] Der Panzerkreuzer Moltke hatte in der Nacht, in der es um 3 Uhr abgehen sollte, seinen hinteren Schornstein rot angemalt. Das ist das sicherste Zeichen, dass wir kein Manöver vorhatten. Als aber die Besatzung, besonders die Heizer, es gemerkt hatten, wurde auf den Befehl zum Auslaufen der Gehorsam verweigert. [...] Unsere Minensuchboote hatten Befehl erhalten, die Fahrstraße nach Skagen und weiter hinaus von Minen zu säubern. Was hatten wir oben bei Skagen verloren? Manövriert wird in der Helgoländer Bucht, aber nicht da oben. [...]

Lieber Vater! Es bedarf gar keiner Beweise weiter; wir haben es alle gefühlt, dass es unsere letzte Fahrt gewesen wäre, daher die instinktive Gehorsamsverweigerung. Auf einzelnen Schiffen sind nun daraufhin noch kleinere und größere Ausschreitungen vorgekommen; bis jetzt sind über 1000 Mann verhaftet und nach Bremerhaven transportiert worden. Ich will Dir noch mitteilen, dass, wenn nicht bald der Waffenstillstand kommt, hier die schönste Militärrevolte ausbricht und man gezwungen ist, den Weg nach der Heimat mit dem Gewehr zu ebnen. Lieber Vater, wundere Dich nicht, wenn ich eines schönen Tages bei Dir erscheine, denn bei mir läuft das Maß schon lange über. Es ist schade um jeden Blutstropfen, der noch für diese Lumpen vergossen wird. [...]

Dein Sohn Otto

Aus: Kuttner, Erich: Von Kiel bis Berlin. Der Siegeszug der deutschen Revolution. o.J. [1918], S. 12f.

M3 Umstellung der Geschichtswissenschaft, Amtliche Mitteilung, 15. November 1918

Das Ministerium für Wissenschaft, Kunst und Volksbildung hat folgenden Erlass an die Provinzialschulkollegien und Regierungen gerichtet:

1. Wo bisher der Geschichtsunterricht mit anderen Lehrfächern dazu missbraucht wurde, Volksverhetzung zu betreiben, hat solches in Zukunft unbedingt zu unterbleiben, vielmehr einer sachgemäßen kulturhistorischen Belehrung Platz zu machen. Alle tendenziösen und falschen Belehrungen über den Weltkrieg und dessen Ursachen sind zu vermeiden.
2. Aus den Schulbibliotheken sind alle Bücher zu entfernen, welche den Krieg an sich verherrlichen.
3. In keinem Unterrichtsfache sind seitens der Lehrkräfte abfällige oder entstellende Bemerkungen über die Ursachen und Folgen der Revolution sowie der gegenwärtigen Regierung zu äußern, welche geeignet sind, bei der Schuljugend das Ansehen und die Errungenschaften dieser Volksbefreiung herabzuwürdigen.
4. Es hat seitens der Schulleiter und Lehrer im Verkehr mit der Jugend alles zu unterbleiben, was geeignet ist, die Stimmung zu einer Gegenrevolution (besonders auf dem flachen Lande) zu schüren, da solches Vorgehen im jetzigen Augenblick die größte Gefahr eines Bürgerkrieges für unser Volk in sich birgt.
5. Bis zum Erlass über Trennung von Schule und Kirche sind Kinder von Dissidenten und solchen Andersgläubigen, für die ein Religionsunterricht im jetzigen Schulplan nicht vorgesehen ist, auf Antrag der Erziehungsberechtigten ohne jeden weiteren Nachweis vom Religionsunterricht zu befreien.

Aus: Bollinger, Stefan: November '18. Als die Revolution nach Deutschland kam, Berlin 2018, S. 10

M4 Diese Toren! – Flugblatt des Spartakusbundes, Oktober 1918

Das alte bekannte Spiel der Geschichte wiederholt sich regelrecht in Deutschland. Wenn der Boden der alten Klassenherrschaft zu wanken und zu beben beginnt, dann erscheint in zwölfter Stunde ein „Reformministerium" auf der Bildfläche [...] Der historische Sinn und Zweck solcher „Reformministerien" in letzter Stunde, bei heraufziehendem Vollgewitter, ist stets derselbe: die „Erneuerung" des alten Klassenstaates „auf friedlichem Wege", d. h. die Änderung von Äußerlichkeiten und Lappalien, um den Kern und das Wesen der alten Klassenherrschaft zu retten, um einer radikalen, wirklichen Erneuerung der Gesellschaft durch die Massenerhebung vorzubeugen.

Das historische Schicksal dieser Ministerien der zwölften Stunde ist auch stets dasselbe: Sie sind durch ihre innere Halbheit und ihren inneren Widerspruch mit dem Fluche der Ohnmacht beladen. Das Volk empfindet sie instinktiv als einen Schachzug der alten Mächte, um sich am Ruder zu erhalten. Die alten Mächte misstrauen ihnen als unzuverlässigen Dienern ihrer Interessen. Die treibenden Kräfte der Geschichte, die das Reformministerium erzwungen haben, eilen alsbald über dasselbe hinaus. Es rettet nichts und verhindert nichts. Es beschleunigt und entfesselt nur die Revolution, der es vorbeugen sollte. [...] Diesmal, zum ersten Mal in der Geschichte, gibt sich eine Partei, die sich sozialdemokratisch nennt, dazu her, bei sichtbar nahender Katastrophe der bestehenden Klassenherrschaft den Retter in der Not zu spielen, durch Scheinreformen und Scheinerneuerung dem herannahenden Volkssturm den Wind aus den Segeln zu nehmen, die Massen im Zaum zu halten. [...] Marx und Engels meinten im Kommunistischen Manifest in ihrer Naivität, die Befreiung der Arbeiterklasse müsse das Werk der Arbeiterklasse sein. Diese Toren! In Deutschland wird die Befreiung der Arbeiterklasse das Werk der Nationalliberalen, des Zentrums, der Freisinnigen und ihrer regierungssozialistischen Schleppträger sein!

Spartakus-Briefe, Nr. 12, Oktober 1918. Aus: LuxGW, Bd. 4, S. 393–395

M5 Walter Rathenau (1867–1922): Kritik der dreifachen Revolution, 1919

Es ist kein Zweifel mehr: Was wir deutsche Revolution nennen, ist eine Enttäuschung. Misstrauen gebührt jedem Zufallsgeschenk und jedem Verzweiflungsprodukt. Nicht wurde eine Kette gesprengt durch das Schwellen eines Geistes und Willens, sondern ein Schloss ist durchgerostet. Die Kette fiel ab, und die Befreiten standen verblüfft, hilflos, verlegen, und mussten sich wider Willen rühren. Am schnellsten rührten sich, die ihren Vorteil erkannten. Den Generalstreik einer besiegten Armee nennen wir deutsche Revolution. Die Arbeitsaufnahme einer neuen Versuchsarmee nennen wir deutsche Gegenrevolution. Die Arbeiterschaft ließ sich in den Sattel setzen und reitet den alten Streiktrab. Das Volk blieb abseits und wählte ein bürgerliches Parlament. Die verbürgerlichte Sozialdemokratie ließ sich im Bürgerhause bewirten und die Führung aufnötigen, Führung ohne Macht. Die Extremisten laufen neben dem Gaul und peitschen ihn mit der Knute des Bolschewismus. Kein Wunder, denn nichts war vorbereitet.

Aus: Bollinger, Stefan: November '18. Als die Revolution nach Deutschland kam, Berlin 2018, S. 83 f.

M6 Der Historiker Christoph Regulski: Zwei Seiten einer Medaille

Die deutsche Revolution gleicht einer Medaille mit zwei ganz unterschiedlichen Seiten. Auf der einen Seite finden sich die demokratischen Errungenschaften einer Verfassung und eines von gleichberechtigten Bürgern gewählten Parlaments, die beide die Grundlage der ungemein aufblühenden Kultur der Weimarer Republik bildeten und in den 1920er-Jahren stabile wirtschaftliche Verhältnisse gewährleisteten. Auf der anderen Seite stehen die gewalttätigen Auseinandersetzungen im Innern. Nach der Entscheidung für eine parlamentarische Demokratie nahmen die radikalen Proteste für eine Sozialisierung wichtiger Betriebe und nachhaltige Veränderungen in Militär und Bürokratie zu und wurden zu einem Teil gewaltsam ausgetragen. Linke Räterepubliken in Bremen und München entstanden. Ihre brutale Niederwerfung durch Militär und Freikorps zählt zu den dunklen Seiten der Revolution. Oftmals wird in der Literatur die weniger schöne Seite zuerst, ja manchmal – wie bei Sebastian Haffners Die verratene Revolution – ausschließlich betrachtet. Damit wird man der Komplexität der Revolution aber keineswegs gerecht. Genauso verkehrt wäre es, eine Erfolgsgeschichte zu konstruieren, in der die brutalen militärischen Zusammenstöße ausgeblendet werden. Die deutsche Revolution und die aus ihr entstandene Weimarer Republik sind oft vom Scheitern der Demokratie aus gesehen worden. Dadurch werden die vorwiegend negativen Entwicklungslinien hervorgehoben. Betrachtet man aber die Weimarer Republik bis zum Beginn der Weltwirtschaftskrise 1929, entsteht ein wesentlich differenzierteres Bild, das die Errungenschaften der Revolution angemessen würdigt.

Regulski, Christoph: Die Novemberrevolution. 1918/19, Wiesbaden 2018, S. 199

M7 Joseph Goebbels (1897–1845): Es gibt keine Revolution, 1933

Es gibt keine Revolution von 1918! Die Revolution der Deutschen hat dort ihren Ursprung, wo die Revolte von 1918 ihre Sühne fand! Mit Ekel und Verachtung werden die kommenden deutschen Geschlechter die Novemberlinge einer schändlichen Nachkriegsrevolte an den Pranger des Pazifismus und Landesverrats stellen. Für alle Zeiten wird der 9. November 1918 die Nation an jenen schwarzen Tag ihrer Geschichte erinnern, da ein zügelloser Haufen vaterlandsloser Gesellen das heilige Denkmal des sieggekrönten, deutschen Frontsoldaten – des toten Helden aus dem großen Kriege – mit den wahnsinnigen Parolen internationaler Völkerverbrüderung besudelte.

Aus: Niess, Wolfgang: Die Revolution von 1918/19. Der wahre Beginn unserer Demokratie, Berlin u. a. 2017. S. 441

1. Lesen Sie sich in Ihrem Schulbuch den darstellenden Überblickstext zur Revolution 1918/19 durch (und skizzieren Sie den Weg Deutschlands vom Kaiserreich zur Republik).
2. Untersuchen Sie die Materialien M2–M4 nach formalen und inhaltlichen Kriterien. Stellen Sie Ihre Ergebnisse stichpunktartig (in einer Tabelle) zusammen.
3. Vergleichen Sie die unterschiedlichen Urteile über die Revolution von 1918/19 (M5 und M6).
4. Ordnen Sie die Quelle M7 in ihren historischen Kontext ein. Gehen Sie hierbei besonders auf Sprache/Wortwahl und die hiermit verbundene Intention ein.
5. Bereiten Sie eine Präsentation zur Revolution 1918/19 vor. Gehen Sie dabei auch auf die für diese Revolution verwendeten Attribute „steckengeblieben", „unvollendet", „verraten" ein.
6. Prüfen Sie, welche der von Ihnen zusammengestellten Merkmale von Revolutionen vorhanden sind und welche fehlen.
7. Vergleichen Sie die Ereignisse des Novembers 1918 in Deutschland mit Ursache, Verlauf und Ergebnissen der Februarrevolution 1917 in Russland.
8. Beurteilen Sie die historische Bedeutung der deutschen Revolution von 1918/19.

M1 Steckbrief

Missstände/Ursachen	Wirtschaftskrise → Produktionsdrosselung → Kurzarbeit und Entlassungen, Firmenzusammenbrüche → Arbeitslosigkeit; Schulden, Zwangsversteigerungen
Auslöser	Ernennung Adolf Hitlers zum Reichskanzler am 30.1.1933
Gruppierungen/Parteien	NSDAP
Charismatische Führungspersönlichkeiten	Adolf Hitler, Joseph Goebbels
Radikalisierungsschübe/ Verlauf	*30.1.1933* Ernennung Hitlers zum Reichskanzler *4.2.1933* Notverordnung *28.2.1933* Reichstagsbrandverordnung *23.2.1933* Ermächtigungsgesetz *31.2.1933* Gesetz zur Gleichschaltung der Länder *7.4.1933* zweites Gleichschaltungsgesetz *2.5.1933* Auflösung freier Gewerkschaften *22.6.–5.7.1933* Auflösung/Verbot übriger Parteien *1./2.8.1934* Tod Hindenburgs/Hitler ernennt sich zum Führer
Folgen	Zweiter Weltkrieg; Holocaust

M2 Gesetz gegen die Neubildung von Parteien, 14. Juni 1933

Die Reichsregierung hat das folgende Gesetz beschlossen, das hiermit verkündet wird:

§ 1

In Deutschland besteht als einzige politische Partei die Nationalsozialistische Deutsche Arbeiterpartei.

§ 2

Wer es unternimmt, den organisatorischen Zusammenhalt einer anderen politischen Partei aufrechtzuerhalten oder eine neue politische Partei zu bilden, wird, sofern nicht die Tat nach anderen Vorschriften mit einer höheren Strafe bedroht ist, mit Zuchthaus bis zu drei Jahren oder mit Gefängnis von sechs Monaten bis zu drei Jahren bestraft.

M3 Joseph Goebbels (1897–1945): „Ganz mit Recht trägt dieser Prozeß den Namen der deutschen Revolution", 1934

Die historischen Umwälzungen, die sich mit dem 30. Januar 1933 beginnend und von da ab für jedermann sichtbar im öffentlichen Leben des Reiches vollzogen haben, sind von einer Bedeutsamkeit und Tragweite, deren Ausmaße im Augenblick noch ganz unvorstellbar sind. Ganz mit Recht trägt dieser Prozeß den Namen der deutschen Revolution, denn es handelt sich in der Tat um eine Umwertung aller Werte, um den Sturz einer Gedankenwelt, die bis dahin als gegeben, selbstverständlich und unabänderlich vom ganzen deutschen Volk hingenommen wurde. Dieser Prozeß vollzog sich in einer atemberaubenden Aktivität und mit einem Tempo, das man bis dahin, wenigstens in politischen Dingen, in Deutschland nicht gewohnt war. Seine Ergebnisse haben das wirtschaftliche, kulturelle und politische Leben der Nation auf eine ganz neue Basis gestellt. [...] Es liegt wohl am Tempo, mit dem sich diese Umwälzung vollzog, und an der Selbstverständlichkeit, mit der sie von den breiten Massen des Volkes durchgeführt oder doch hingenommen wurde, daß ihre Ergebnisse heute als feststehende Tatsachen in das Feld der Erscheinungen hineingerückt sind, und daß niemand in Deutschland auch im leisesten nur noch daran zu zweifeln wagt, daß sie für alle erdenkbare Zeit unabänderlich geworden sind.

Goebbels, Joseph: Vom Kaiserhof zur Reichskanzlei, 29. Aufl. München 1940, S. 7

M4 Der Historiker Michael Kißener (*1960): Die totalitäre Revolution

Zuletzt hat neben anderen Hans-Ulrich Wehler darauf hingewiesen, dass weder die Tatsache, dass die Nationalsozialisten selbst sich gerne nach 1933 großspurig des Revolutionsbegriffs bedienten, noch die weithin positive Konnotation des Terminus im Gefolge der amerikanischen (1776) oder französischen Revolution (1789) seinem Gebrauch für den deutschen Fall 1933/34 im Wege stehen sollten. Denn mit der bolschewistischen Revolution in Russland (1917), mit eben der nationalsozialistischen in Deutschland oder später auch mit der chinesischen Revolution sei ein „neuer Typus von politisch-gesellschaftlicher Umwälzung auf die historische Agenda gesetzt [worden]: die totalitäre Revolution". Sie zeichnete sich durch viele Strukturmerkmale der in unserem heutigen Denken positiv konnotierten „klassischen" Revolution aus, wandte diese in ihrer Stoßrichtung aber zugleich ins Inhumane und Negative. [...] Die von der zeitgenössischen Revolutionstheorie definierten Merkmale einer Revolution, so etwa die Schaffung einer revolutionären Bewegung, die Ideologisierung, Polemisierung und Politisierung, der Kampf um Herrschaftspositionen und der spektakuläre Umsturz der alten Ordnung wie auch der Aufbau eines ideologischen Alternativsystems mit der Durchführung eines Elitenaustauschs – all dies lässt sich unschwer in den Monaten nach dem 30. Januar 1933 in Deutschland erkennen und ist auch so von den Zeitgenossen in einer ungeheuren Beschleunigung der Ereignisse erfahren worden.

* Wehler, Hans-Ulrich: Deutsche Gesellschaftsgeschichte. Bd. 4, München 2003, S. 602

Kißener, Michael: Der Weg in den Nationalsozialismus – eine „Revolution". Zur Einführung". In: ders. (Hg.): Der Weg in den Nationalsozialismus 1933/34, Darmstadt 2009, S. 7 f.

M5 Der US-amerikanische Historiker David Schoenbaum (*1935): „Revolution des Nihilismus*"

Die beste Formel fand Rauschning mit seiner „Revolution des Nihilismus"*. Es ist gewiss kein Zufall, daß er sich mit diesem Begriff am weitesten von den Kategorien Sozialismus-Kapitalismus, revolutionär-reaktionär, elitär-egalitär, durch die so viele zeitgenössische Analysen irreführend sind, entfernte. Bei all seinen Grenzen beschreibt Rauschnings Buch die nationalsozialistische Revolution immerhin als die Neuheit, die sie war. [...] Sie begann auf legalem Wege. [...] Hitler hegte ebenso wenig Zweifel an dem Ziel und der Bedeutung der Ereignisse, zu denen er den Anstoß gab, wie Jefferson, Robespierre oder Lenin es vor ihm getan hatten. Und doch war seine Revolution anders als ihre [...] Es war eine Revolution der Zwecke und der Mittel zugleich. Die Revolution der Zwecke war ideologischer Natur; sie sagte der bürgerlichen und industriellen Gesellschaft den Krieg an. Die Revolution der Mittel war ihre Umkehrung. Sie war bürgerlich und industriell, da ja selbst ein Krieg gegen die industrielle Gesellschaft in einem industriellen Zeitalter mit industriellen Mittel geführt werden muß und da es des Bürgertums bedarf, um das Bürgertum zu bekämpfen.

* Nihilismus: weltanschauliche Haltung, die alle positiven Zielsetzungen, Ideale und Werte ablehnt; völlige Verneinung aller Normen und Werte
* Rauschning, Hermann: Die Revolution des Nihilismus. Kulisse und Wirklichkeit im Dritten Reich. Zürich 1938

Schoenbaum, David: Die braune Revolution. Eine Sozialgeschichte des Dritten Reiches, Berlin 1999, S. 21 f.

M6 Der Historiker Hans Mommsen (1930–2015): Kategorie revolutionärer Veränderung vermeiden

[...] artifiziell sind Versuche, Hitler als „Modernisierer" wider Willen zu betrachten, so wenig die Tatsache zu bestreiten ist, daß die durch und durch destruktive Politik des NS-Regimes den Ballast älterer Traditionen unwillkürlich zerstört hat, ob es sich um die Stellung des Adels und des Großgrundbesitzes, um die lokale kirchliche Vorherrschaft oder die soziale Umschichtung des Offizierskorps handelt. In sozialer Beziehung hat die NS-Diktatur allenthalben schon vorhandene Rationalisierungs- und Modernisierungsschübe verstärkt, aber nirgends die Fähigkeit bewiesen, neue, geschweige denn innovative Gestaltungen an die Stelle des Überkommenen zu setzen. Dies spricht dafür, die Kategorie revolutionärer Veränderung zu vermeiden.

Mommsen, Hans: Die nationalsozialistische Machteroberung: Revolution oder Gegenrevolution? In: Dipper, Christof (Hg.): Europäische Sozialgeschichte. Festschrift für Wolfgang Schieder, Berlin 2000, S. 42 f.

M7 Der Historiker Horst Möller (*1943): Plädoyer für die Verwendung des Begriffs Revolution

Seit fünfzig Jahren diskutieren Publizisten, Soziologen und Historiker über die NS-Machtergreifung, seit fünfzig Jahren scheuen sie sich, diesen Vorgang mit dem Begriff Revolution zu charakterisieren, der anders als der Begriff Machtergreifung seit der zweiten Hälfte des 18. Jahrhunderts zur historisch-politischen Sprache der Neuzeit gehört. Die Scheu [die NS-Machtergreifung mit dem Begriff Revolution zu charakterisieren] ist berechtigt, resultiert sie doch aus dem spezifischen Charakter des Machtantritts der Nationalsozialisten, der sich von dem historischen Phänomen unterscheidet, das gemeinhin mit dem Namen Revolution belegt wird:

- den französischen Revolutionen von 1789, 1830 und 1848,
- den russischen Revolutionen von 1905 und 1917,
- den deutschen Revolutionen von 1848/49 und 1918/19.

Aber schon ein oberflächlicher Blick auf diese Revolutionen zeigt: Sie sind durch mindestens soviel historische Einmaligkeit wie Vergleichbarkeit charakterisiert. Der Begriff Revolution als ein historisch-politischer Formalbegriff ist trotzdem verwendbar und erkenntnisfördernd. Warum sollte er nicht auch für die NS-Machtergreifung taugen? Es könnte eingewendet werden, daß der sich mehrere Jahre hinziehende Auflösungsprozeß der Weimarer Republik und das am Ende bestehende Machtvakuum – das Karl Dietrich Bracher bis heute gültig analysiert hat – den Nationalsozialisten eine Machtübernahme ohne Revolution ermöglicht haben. Doch spricht diese Feststellung sowenig gegen die Verwendung des Revolutionsbegriffs wie die These von der Legalität der NS-Machtergreifung: In ein Machtvakuum stießen auch die Revolutionäre von 1789 und 1918; eine mehr oder weniger scheinbare Legalität der Machtübertragung läßt sich für die Anfangsphase auch dieser beiden Revolutionen konstatieren. Die ersten Aktionen der NS-Führung nach Hitlers Ernennung zum Reichskanzler enthielten bereits so viele Verstöße gegen den Buchstaben, vor allem aber den Geist der Weimarer Verfassung, daß schon für die ersten zwei Monate der NS-Herrschaft nicht mehr von der Praktizierung der theoretisch noch inkraft befindlichen Verfassungsordnung gesprochen werden kann:

- z. B. die Durchbrechung des Prinzips „nulla poena sine lege" (keine Strafe ohne verheriges Gesetz) in der Reichstagsbrandverordnung vom 28. Februar 1933,
- die terroristischen Begleiterscheinungen der Reichstagswahl vom 5. März 1933,
- die Kassernierung der KPD-Mandate und das Ermächtigungsgesetz mit seiner für vier Jahre gegebenen Möglichkeit, die Kompetenzen der Legislative auf die Exekutive zu übertragen.

Die Aushölung der Weimarer Verfassung bereits vor 1933 ist kein Argument gegen die zunehmende Illegalität der NS-Herrschaft; lediglich der erste Akt dieses Dramas – die Ernennung Hitlers zum Reichskanzler – war verfassungsrechtlich korrekt.

Gemäß der zeitgenössischen Revolutionstheorie [...] definiert sich der Begriff Revolution durch eine Kombination einer Reihe formaler Kriterien. Die bereits erwähnte fundamentale Prämisse, bei Revolutionen handele es sich um langgestreckte Prozesse, in denen destruktive und konstruktive Geschehensserien sich gegenseitig bedingen, trifft ohne weiteres auf die NS-Machtergreifung und die Phase ihrer Stabilisierung zu. *Destruktiv* war die Beseitigung der Kernprinzipien des Weimarer Verfassungssystems, beispielsweise die Abschaffung der Gewaltenteilung, der Parteien und Interessenverbände, der föderativen Struktur des Reiches und damit der Einzelstaaten, schließlich die Außerkraftsetzung wesentlicher Grundrechte.

Konstruktiv und Zug um Zug einhergehend mit den destruktiven Akten waren der Aufbau einer dem Anspruch nach totalitären Diktatur, die Schaffung von Ämtern und Organisationen zu ihrer Durchsetzung, die Ämterbesetzung durch eine neue NS-Herrschaftselite, mit der in erheblichem Ausmaß die Weimarer Führungsschicht und die Reste der alten Machteliten des Kaiserreichs abgelöst wurden. Eine Ausnahme bildet hier zumindest bis 1938 nur die Reichswehr bzw. die Wehrmacht. [...]

Meine These also lautet: Die Revolution von 1918/19 leitete eine Epoche revolutionärer Erschütterungen ein. Diese Revolution führte nicht zu einem von der Mehrheit der deutschen Bevölkerung als legal akzeptierten Verfassungs- und Gesellschaftssystem. Die NS-Revolution, die 1933 begann, bildete den Kumulationspunkt dieser erst 1945 beendeten revolutionären Epoche.

Möller, Horst: Die nationalsozialistische Machtergreifung – eine Revolution? In: Lill, Rudolf/Oberreuter, Heinrich (Hg.): Machtverfall und Machtergreifung. Aufstieg und Herrschaft des Nationalsozialismus, München 1983, S. 121–139

1. Lesen Sie sich in Ihrem Schulbuch den darstellenden Überblickstext zur Errichtung der nationalsozialistischen Diktatur durch.
2. Informieren Sie sich über Inhalt und Folgen der im Steckbrief (M1) aufgeführten Gesetze und Verordnungen und fertigen Sie hierzu einen übersichtlich gestalteten Zeitstrahl an.
3. Untersuchen Sie die Materialien M2 und M3 nach formalen und inhaltlichen Kriterien.
4. Vergleichen Sie die Positionen der Historiker (M4–M7).
5. Formulieren Sie eine eigene Position dazu, ob Sie die Jahre 1933/34 als „Revolution" bezeichnen würden (wenn ja, wählen Sie ein Ihnen geeignet erscheinendes Attribut und begründen Sie Ihre Entscheidung). Beziehen Sie die von Ihnen zusammengestellten Merkmale von Revolutionen in Ihre Argumentation mit ein.
6. Beruteilen Sie die historische Bedeutung der Jahre 1933/34.

M1 Steckbrief

Missstände/Ursachen/ Bedingungsfaktoren	• Andauernde Protestaktionen (Mahnwache Zionskirche etc) • Öffnung der DDR für westdeutsche, v. a. elektronische Medien • Zunehmende wirtschaftliche Abhängigkeit von der Bundesrepublik – Gewaltapparat wird zurückhaltender eingesetzt, es wird mehr geduldet, was früher mit mehrjährigen Zuchthausstrafen geahndet worden wäre • Restriktionen bei der Handhabung des Reisegesetzes
Auslöser	• Politik „Glasnost" und „Perestroika" Gorbatschows • Abbau der Grenzanlagen in Ungarn; Entwicklungen in Ungarn und Polen (Abschaffung des Kommunismus, Loslösung aus dem Ostblock) • Ausreisebewegung • Lähmung und Sprachlosigkeit der Partei, z. T. verursacht durch krankheitsbedingten Ausfall Honeckers
Folgen	Deutsche Wiedervereinigung

M2 Aufruf der „Leipziger Sechs", 9. Oktober 1989

Sechs prominente Leipziger riefen sowohl die „Montagsdemonstranten" als auch die Sicherheitskräfte zur „Besonnenheit" auf. Den Aufruf verlas Kurt Masur:

Bürger! Professor Kurt Masur, Pfarrer Dr. Zimmermann, der Kabarettist Bernd-Lutz Lange und die Sekretäre der SED-Bezirksleitung Dr. Kurt Meyer, Jochen Pommert und Dr. Roland Wötzel wenden sich mit folgendem Aufruf an alle Leipziger: Unsere gemeinsame Sorge und Verantwortung haben uns heute zusammengeführt. Wir sind von der Entwicklung in unserer Stadt betroffen und suchen nach einer Lösung. Wir alle brauchen freien Meinungsaustausch über die Weiterführung des Sozialismus in unserem Land. Deshalb versprechen die Genannten heute allen Bürgern, ihre ganze Kraft und Autorität dafür einzusetzen, dass dieser Dialog nicht nur im Bezirk Leipzig, sondern auch mit unserer Regierung geführt wird. Wir bitten Sie dringend um Besonnenheit, damit der friedliche Dialog möglich wird.

Audiomittschnitt: MDR-Zeitreise. Mitteldeutscher Rundfunk, https://www.mdr.de/zeitreise-regio/staedte/leipzig/audio853454.html (Transkription: Eva Wolff)

M3 Die Kunst des Aussitzens, 1989

Karikatur von Klaus Stuttmann

Der Historiker Jörg Baberowski (*1961) über die Passung des Revolutionsbegriffs

Aus der Rückschau ist das eine Revolution gewesen, weil sich das Leben der Beteiligten, aller Beteiligten komplett verändert hat, und man sagen muss, dass mit Traditionen und Machtverhältnissen komplett gebrochen wurde und die alte Elite ausgetauscht wurde. Wenn man allerdings auf die Beteiligten sieht, die 1989 unterwegs gewesen sind, bin ich mir nicht sicher, ob das, was einige Bevölkerungsgruppen damals wollten, ob das mit Revolution irgendetwas zu tun hatte. Also diese Frage kann man nur beantworten, wenn man vorher weiß, aus welcher Perspektive man sie beantwortet. Und aus der Perspektive des Jahres 1989, aus der Perspektive der Beteiligten, glaube ich, kann man nicht von Revolution sprechen. Im Abstand von 10 bis 20 Jahren schon, weil man sieht, dass das ein grundlegender Umbruch war, der alles vom Kopf auf die Füße gestellt hat oder umgekehrt.

O-Ton von Jörg Baberowski. Aus: Geschichte interaktiv 15: Längsschnitt Revolutionen. Hauptfilm: Revolutionen, Anne Roerkohl dokumentARfilm GmbH, Münster, min. 20:52–21:47 (Transkription Eva Wolff)

Der Historiker Alexander Gallus (*1972) über die Passung des Revolutionsbegriffs

Für die Westdeutschen, für die Bundesrepublik, war es zunächst mal vielleicht viel weniger eine Revolution, weil ja im Grunde wir erst mal faktisch eine erweiterte Bundesrepublik am Ende bekommen haben mit dem System, was wir vorher schon hatten auch im alten Westdeutschland. Aber ich würde sagen, für die Ostdeutschen lebenswirklich schon mal eine enorme Umstellung. Man ist von einem sozialistisch-kommunistischen System in ein kapitalistisches gewechselt. Man hat gewechselt von einer autoritären Diktatur in einen demokratischen Verfassungsstaat ... da spricht einiges für eine Revolution.

O-Ton Alexander Gallus. Aus: Geschichte interaktiv 15: Längsschnitt Revolutionen. Hauptfilm: Revolutionen, Anne Roerkohl dokumentARfilm GmbH, Münster, min. 22:53–23:35 (Transkription Eva Wolff)

Die Geschichtsdidaktikerin Christiane Bertram über die Begriffe „Wende", „Friedlichen Revolution", „Zusammenbruch" oder „Implosion"?

Statt die Begriffe gegeneinander auszuspielen, mag es sinnvoller sein, die enge Verwobenheit der Prozesse des Zerfalls der Macht (Implosion) und der Selbstbefreiung der Unterdrückten (Revolution) in den Blick zu nehmen. Diese verweisen auf die Bedingungsfaktoren der Ereignisse im Herbst 1989. In der geschichtswissenschaftlichen Forschung wird einerseits differenziert zwischen strukturell bedingten Entwicklungen (z. B. fortschreitende wirtschaftliche Stagnation, Erosion der ideologischen Legitimität der SED und das Aufbegehren der Gesellschaftsbasis), mittelfristigen Kursänderungen (z. B. Aufkündigung der außenpolitischen Garantie durch Gorbatschow) und den im Herbst 1989 auftretenden und sich gegenseitig verstärkenden Ereignissen (Massenflucht, wachsende Demonstrationen und Entscheidungslähmung der SED). Andererseits wird zwischen internen und externen Prozessen unterschieden. Zu den externen Prozessen zählt die Reformpolitik Gorbatschows, die den gesamten Ostblock in Bewegung gebracht hat. Hierdurch erhielten die osteuropäischen Oppositionsbewegungen (z. B. in Polen oder Ungarn) einen massiven Auftrieb, was im Frühjahr/Sommer 1989 zur Öffnung des Eisernen Vorhangs und zur Massenflucht aus der DDR über Ungarn im Sommer 1989 führte. Darüber hinaus beschleunigte die mit den Begriffen „Glasnost" (Offenheit, Transparenz, Öffentlichkeit) und „Perestroika" (Umbau, Umgestaltung, Umstrukturierung) bezeichnete sowjetische Reformpolitik die internen Prozesse in der DDR. So führte die Weigerung der SED-Spitze, Perestroika und Glasnost im eigenen Staat zuzulassen, in der eigenen Anhängerschaft zu Verwirrung. [...] Als Gorbatschow bei seinem Besuch am 7. Oktober 1989 in Berlin signalisierte, dass die Sowjetunion im Falle eines Aufstandes keine militärische Unterstützung leisten würde, war absehbar, dass die SED-Führung die internen Probleme nicht in den Griff bekommen würde. Als weiterer interner Bedingungsfaktor ist die wirtschaftliche Krise der DDR zu betrachten. Die Unzufriedenheit der Menschen mit den wirtschaftlichen Bedingungen in der DDR und der Wunsch nach der D-Mark und Westwaren waren so groß, dass die Mehrheit der DDR-Bürger nach dem Fall der Mauer zu weiteren sozialistischen Experimenten nicht mehr bereit war.

Bertram, Christiane: Zeitzeugen im Geschichtsunterricht, Schwalbach/Ts. 2017, S. 74 f.

M7 Der Historiker Peter Ulrich Weiß: Die friedliche Revolution?

„Ein uns bekannter Punk kam herein. [...] Dieser große, sehr hart und cool scheinende Typ erzählte verzweifelt, was er gesehen hatte. Der Schlägertrupp hatte blindlings drauflosgeschlagen. [...] Seine schwangere Frau, die protestierte, wurde mit Schlagstöcken und Tritten niedergeprügelt. Er selber entkam, wollte zum Bus. Da erkannten ihn die Polizisten: ‚Der war auch dabei!' Er rannte davon, wie um sein Leben." Dieser Augenzeugenbericht über die polizeiliche Hetzjagd und Auflösung des Protestzuges von rund 2000 Potsdamern, die am 40. Jahrestag der DDR auf der zentralen Einkaufsmeile der Stadt für Reformen demonstrierten, steht stellvertretend für eine Welle der Polizeigewalt, die an diesen Tagen über das ganze Land schwappte. Mehr als 3300 Festnahmen, davon über 100 in der Potsdamer Bezirksstadt, schockierten nicht nur unbeteiligte Augenzeugen oder betroffene Oppositionskreise, sondern auch Teile der SED-Basis, die solch ein Vorgehen als unverhältnismäßig ansahen. In Verbindung mit vorherigen Zusammenstößen sind sie Teil der heißen Phase der Revolution, und als solche fanden sie bilderreich Eingang in Filmdokumentationen, Ausstellungen oder Fotobände zu „1989". Prügelnde Polizisten, sprühende Wasserwerfer oder brutale Stasihäscher verkörpern hier eine bis zum Ende diktatorisch regierte DDR, in der Gewalteinsätze zum alltäglichen Herrschaftsrepertoire gehörten. Sie bezeugen, dass die Revolution keinesfalls völlig gewaltfrei verlief. [...]

Diese (die rumänische Revolution) sticht im Kontext der osteuropäischen Erhebungen vor allem durch ihre Gewaltsamkeit und undurchsichtig gebliebenen Hintergründe hervor: Insgesamt über 1.100 Menschenleben und über 3.350 Verletzte forderten die Unruhen und Kämpfe rund um den Sturz der Ceausescus vom 15. bis 27. Dezember 1989 [...].

Weiß, Peter Ulrich: Wunder der Gewaltlosigkeit? Die Revolutionen 1989/90 in der DDR und in Rumänien. In: Geschichte für heute. Zeitschrift für historisch-politische Bildung 4 (2019), S. 6, 11 f.

M8 Der Journalist Joachim Jauer (*1940): Die halbe Revolution

Auch dreißig Jahre danach an die Vorkämpfer und Wegbereiter der 89er Revolution und das Zusammenspiel der „Dominosteine" im Warschauer Pakt in Momentaufnahmen zu erinnern, bedeutet nicht, die Gefahren zu übersehen, die heute drohen, weil die ganz überwiegend friedlichen Revolutionen auf halber Strecke stecken geblieben sind. Gerade deshalb muss die Erinnerung an die wunderbaren Monate und Momente von 1989, an den Ruf nach Freiheit und Unabhängigkeit in ganz Mittel- und Osteuropa, nach wolnosc, szabadság, svoboda, libertate, wachgehalten werden. Sie bleibt politische und moralische Orientierung auch dreißig Jahre danach.

Denn in Polen und Ungarn ist aus dem mutigen Aufbegehren der 89er inzwischen ein militanter Nationalismus geworden. Die EU-Mitglieder in Ost- und Mitteleuropa bilden eine Koalition gegen Brüssel, gemeint sind Westeuropa und dessen Lebensstil. So gesehen blieb die 89er Wende, die auch Hinwendung an den Westen sein wollte, unvollendet, unfertig, eine halbe Revolution.

Jauer, Joachim: Die halbe Revolution. 1989 und die Folgen, Freiburg im Breisgau 2019, S. 286

1. Lesen Sie sich in Ihrem Schulbuch den darstellenden Überblickstext zur Revolution von 1989 durch.
2. Informieren Sie sich über die wichtigsten Ereignisse in den letzten Monaten der DDR und fertigen Sie hierzu einen übersichtlich gestalteten Zeitstrahl an.
3. Arbeiten Sie aus dem Material M2 heraus, welche Hoffnungen die Autoren mit ihrem Aufruf hegten und beurteilen Sie, inwiefern diese eingelöst werden konnten.
4. Interpretieren Sie die Karikatur (M3).
5. Vergleichen Sie die beiden Einschätzungen von Baberowski (M4) und Gallus (M5) bezüglich der Passgenauigkeit des Begriffs „Revolution" mit Blick auf die Ereignisse des Jahres 1989.
6. Veranschaulichen Sie anhand der Aussagen von Baberowski (M4) und Gallus (M5) grundsätzliche Herausforderungen beim Umgang mit Geschichte.
7. Arbeiten Sie aus M6 die Bedingungsfaktoren der „Friedlichen Revolution" heraus.
8. Fassen Sie die Kernaussagen der Materialien M6–M8 in Form von Thesen zusammen.
9. Bereiten Sie eine Präsentation zur „Friedlichen Revolution" von 1989 vor. Orientieren Sie sich für Ihre Gliederung an folgenden Punkten: Bedingungsfaktoren, Verlauf, Folgen, Rezeption.
10. Beurteilen Sie die historische Bedeutung der „Friedlichen Revolution".

Der US-amerikanische Historiker Charles Tilly (1929–2008) über das Jahr 1989

Welche europäischen Ereignisse des Jahres 1989 darf man als echte Revolution bezeichnen? Das hängt davon ab, wie sehr oder wie wenig wir diesen Begriff einengen. Wenn wir darauf bestehen, daß eine Revolution die gleichen Kriterien zeigen muß wie das politische Ringen in Frankreich von 1789 bis 1799 oder das in Rußland von 1917 bis 1921, dann sind die Unruhen des Jahres 1989 in Osteuropa nicht als Revolutionen zu bezeichnen. Es wird uns schwerfallen, hier Entsprechungen für die Generalstände *(État généraux)*, die Arbeiter- und Soldatenräte *(Sowjets)*, Robespierre, Lenin oder die Verstaatlichung der Kirchengüter zu finden. Doch wenn wir andererseits jede plötzliche, weitreichende, vom Volk erzwungene Veränderung des Herrschaftssystems in einem Lande als Revolution bezeichnen wollen, dann haben in jenem Jahr die meisten osteuropäischen Länder Revolutionen erlebt.

Eine enge Definition hat den Vorzug, daß sie der Auffassung des Kommunistischen Manifests entspricht, eine Revolution sei ein seltenes Ereignis, das die Geschichte eines ganzen Volkes verändert und nur unter besonderen Voraussetzungen möglich ist. Seit Marx und Engels haben so viele Radikale Theorie und Praxis dieser Idee der Revolution anzupassen versucht, daß ihre Definition den Anspruch auf eine besondere Behandlung hat. Doch eine weitergehende Definition hat den Vorzug, auf wichtige Probleme aufmerksam zu machen, die in einer engeren Definition nicht sichtbar werden [...].

Tilly, Charles: Die europäischen Revolutionen, München 1999, S. 23

1. Führen Sie die vom Autor nahegelegte gute Vergleichbarkeit der Russischen mit der Französischen Revolution aus.
2. Charakterisieren Sie die Veränderungen, die das Jahr 1989 zum „Epochenjahr" haben werden lassen.
3. Formulieren Sie eine eigene Position dazu, wie eng oder weit der Revolutionsbegriff gefasst werden sollte. Beziehen Sie in Ihre Argumentation konkrete Beispiele von im Unterricht behandelten Revolutionen mit ein.

Erwartungshorizonte

S. 2: Rebellion → Ziel: Befreiung aus einem als unfrei empfundenen Zustand; soll in konkreter Situation Abhilfe schaffen; nicht ursächlich auf Systemveränderung ausgerichtet; **Revolution** → Ziel: Institutionalisierung von Freiheit; beinhaltet Vision/Alternativen; Veränderung des Systems; Schaffung entsprechender Institutionen und Verfassungen; **Putsch/Staatsstreich** → https://www.bpb.de/nachschlagen/lexika/politiklexikon/296476/putsch; **Revolutionsmerkmale**: Kampf um Freiheitsrechte, Aufbau von Institutionen zur Durchsetzung und Aufrechterhaltung selbiger, stoßweiser und gewaltsamer Vorgang, Umwälzung von Staats- und Rechtsverhältnissen, Massenbewegungen, Widerstandshandlungen, programmatische Idee (Vision → Menschheitsfortschritt), Phasen (1. Umsetzung revolutionärer Forderungen, 2. Radikalisierung der Rev., 3. Konsolidierung)

S. 5: zu 2.–4. Rede Robespierres (**M3**) fällt in die Zeit der Terrorherrschaft, welcher der Autor wenige Monate später selbst zum Opfer fiel (28. Juli 1794); in seiner Rede rechtfertigt er die Mittel des Terrors, um gegen die „Feinde des französischen Volkes" (Z. 29) vorzugehen, für die die 1789 erklärten Menschen- und Bürgerrechte keine Geltung haben; **zu 5. Egon Friedell:** räumt ein, dass „gewisse Emanzipationsbewegungen von der Pariser Revolution ausgelöst wurden" (Z. 5), steht ihr aber im Gesamturteil eher kritisch gegenüber: weder seien die politischen Strömungen des 19. Jh. nur auf die Frz. Rev. zurückzuführen (vgl. Z. 6–8), noch sei die Überwindung des *ancien régime* von Dauer gewesen (vgl. Z. 11 ff.), die Freiheit habe sie auch nicht gebracht (vgl. Z. 15–18); **Jonathan Israel:** von anderer Qualität als Rev. davor und von größerer Bedeutung als spätere Rev. (vgl. Z. 1 f.); sieht sie als wegweisend mit Blick auf moderne Regierungsformen (Republikanismus, konstitut. Monarchie, Demokratie) und als einzigartigen Ausdruck eines Strebens nach „Wohlfahrt für die Mehrheit" → die Regierung sollte sich dem „Gemeinwohl der Gesamtgesellschaft verpflichtet" (Z. 9 f.) fühlen

S. 9: zu 3. Hintergrundinfos/Fußnoten verfassen zu: (M3) in Artikel 1 aufgeführte Beschlüsse (Karlsbader, Frankfurter, Wiener), (M4) Revolution in Frankreich (Z. 1), Schwurgerichte (Z. 10), (M6) Standgerichtsprozess, Rastatt; **zu 4.** kritisiert wird die deutsche Neigung zu theoretisieren (Nationalversammlung → „Professorenparlament") und dabei die Wirklichkeit aus den Augen zu verlieren → Anspielung auf das Scheitern des Versuchs, eine einheitl. Verfassung im Rahmen eines Nationalstaates zu schaffen; amüsiert wirkender Beobachter des Geschehens am rechten Bildrand unterstreicht die Lächerlichkeit des Unterfangens, welcher hier als zum Scheitern verurteilt dargestellt wird; **zu 6. Nipperdey** (**M7**): Die Rev. von 1848 ist kurzfristig gescheitert. Mittel- und langfristig konnten die Bürger aber ihre Rechte einfordern und ihre Partizipationsmöglichkeiten erweitern; **Engehausen** (**M8**): Es gibt kein einheitliches Rev.bild. Die zentrale Bedeutung von 1848/49 für die dt. Geschichte ist unbestritten. Die Rev. kennzeichnet den Übergang zu einer modernen Industriegesellschaft. Das Konzept der Volkssouveränität gelangte zum Durchbruch. Die Rev. führte mittel- und langfristig zu einer Politisierung aller gesellschaftlicher Schichten und Gruppierungen.

S. 13: zu 4. Aprilthesen ungekürzt + annotiert → https://www.marxists.org/deutsch/archiv/lenin/1917/04/april.htm; **zu 5.** Trotzki beschreibt die Herausforderungen, vor denen die Rev. stand, als eine Art Teufelskreis: Der Krieg habe zur allgemeinen Erschöpfung geführt, die Rev. habe administrative Strukturen zerstört, ohne neue geschaffen zu haben. In der Folge sei es zu Erscheinungen wirtschaftl. und polit. Anarchie gekommen, die wiederum als Folge der Befreiung von Unterdrückung und Elend so psychologisch nachvollziehbar wie unvermeidlich waren. Dies wie natürlich die geplanten Sozialisierungsmaßnahmen wiederum führten zum Bürgerkrieg, welcher wiederum anarchische Auswüchse verstärke. Er prognostiziert der Rev. folglich einen langen Weg bis zum Erfolg, dessen er aber sicher zu sein scheint. **Zu 7.** Beide Rev. fanden vor dem Hintergrund einer vom Krieg erschöpften Bevölkerung statt. In beiden Fällen musste ein unbeliebter Monarch zurücktreten, was das jeweilige Ende der Monarchie als Regierungsform bedeutete. Nach der Februarrev. in Russland blieb noch offen, ob in Zukunft ein Parlament oder ein Rätesystem die polit. Entscheidungen treffen würde. Schon während der Novemberrev. zeichnete sich eine deutliche Mehrheit für eine parlament. Demokratie ab.

S. 15: zu 2.

	M2	**M3**	**M4**
Autor	Otto (Matrose)	Ministerium für Wissenschaft, Kunst und Volksbildung	Spartakusbund
Gattung	persönlicher Brief	amtliche Mitteilung	Flugblatt
Adressat	Vater	Provinzialschulkollegien und Regierungen	Bevölkerung, Arbeiter, Revolutionäre
Quellentyp	Primärquelle	Primärquelle	Primärquelle
Datum	2.11.1918	15.11.1918	Oktober 1918
hist. Kontext	Beginn der Matrosendemonstrationen in Kiel	Rev. hat schon begonnen; nach Abdankung des Kaisers und nach Unterzeichnung des Waffenstillstands	vor Ausbruch der Novemberrevolution
Intention	Erklärung/Rechtfertigung	Akzeptanz für die neue Regierung und Ruhe in der Bevölkerung herstellen	Stimmung gegen die Sozialdemokraten schüren

Zu 3. M5: Revolution = Zufallsprodukt, nicht geplant, nicht radikal genug, daher wenig überzeugend, keine auf Macht basierte und akzeptierte Führung; **M6**: zwei Seiten einer Medaille: positiv: Verfassung, von gleichberechtigten Bürgern gewähltes Parlament → aufblühende Kultur → stabile wirtschaftl. Verhältnisse, negativ: Gewalt; **Zu 4.** bedient Dolchstoßlegende, zentraler Aspekt der NS-Propaganda, verfasst nach der Ernennung Hitlers zum Reichskanzler vom „Reichsminister für Volksaufklärung und Propaganda", Joseph Goebbels

S. 18: zu 3. M2: Gesetz, Einparteiensystem wird etabliert → Merkmal einer Diktatur; **M3**: Goebbels beansprucht Rev.begriff für die Jahre der nationalsoz. Machtübernahme und -etablierung (Propaganda); zur Veröffentl. bestimmte „Tagebuchblätter"; **zu 4.** Michael Kißener (**M4**) beruft sich auf H.-U. Wehler, dem er darin zustimmt, dass der Rev.begriff für die Jahre 1933/34 geeignet erscheint – auch wenn er von den Nationalsozialisten selbst für die Ereignisse verwendet wurde; David Schoenbaum (**M5**) beruft sich auf Hermann Rauschning und begründet ebenfalls, weshalb ihm der Rev.begriff passend erscheint; Hans Mommsen (**M6**) lehnt den Rev.begriff für die Politik des NS-Regimes ab, da ihm die rev. Merkmale fehlen; Horst Möller (**M7**) plädiert für die Verwendung des Rev.begriffs, fasst den zeitl. Rahmen jedoch wesentlich weiter (1918/19–1945)

S. 21: zu 5. M4: rückblickend war 1989 eine Rev., für die am Geschehen Beteiligten eher nicht; **M5**: für Westdeutschland nein, für Ostdeutschland ja; **zu 6.** generalisierende Aussagen sind immer schwierig, oft hängen Begrifflichkeiten und damit verbundene Urteile von der Perspektive (westdt. – ostdt. → Gallus) und vom histor. Kontext (1989 – aus der Rückschau → Baberowski) ab; **zu 7.** strukturell bedingte Entwicklungen (Z. 4f.), mittelfristige Kursänderungen (Z. 5f.), Ereignisse im Herbst 1989 (Z. 6f.); interne (z.B. wirtschaftl. Krise und die damit verbundene Unzufriedenheit der Menschen) und externe Prozesse (Reformpolitik Gorbatschows); **zu 8. M6**: Festlegung auf einen konsensfähigen Begriff, der das Gesamtereignis einfängt, ist nicht zielführend („Verwobenheit der Prozesse"), eine differenzierte Analyse der Bedingungsfaktoren (z.B. strukturell, spontan, intern – extern) hingegen schon; **M7:** am Bsp. Potsdam und am Bsp. Rumänien hinterfragt der Autor das Attribut „friedlich" im Zusammenhang mit den Umwälzungen des Jahres 1989; **M8**: Plädoyer für die Erinnerung an die Rev. von 1989 und ihre Folgen aufgrund ihrer polit. und moral. Orientierungsfunktion → für eine funktions- und handlungsfähige EU muss die Wende vollendet werden – der Autor sieht jedoch Unvereinbarkeiten zwischen den westl. auf der einen und den ost- und mitteleurop. Mitgliedsstaaten auf der anderen Seite, die er auf den unvollendeten Charakter der Rev. von 1989 zurückführt

S. 23: zu 1. Gemeinsamkeiten: soziale Missstände (u.a. hungernde Bevölkerung), Sturz und Exekution des Staatsoberhauptes, Phase des Terrors, Begleiterscheinung Bürgerkrieg; Vergleichsmöglichkeit Robespierre – Trotzki („Die Revolution verschlingt ihre eigenen Kinder."); **zu 2.** weitestgehend gewaltfreie Revolution, Fall der Mauer, Ende der DDR, deutsche Wiedervereinigung, Zerfall des sozialistischen Staatensystems in Osteuropa; **zu 3.** individuelle Antwort

Allgemein

Arendt, Hannah: Über die Revolution, 6. Aufl. München/Berlin 2016.
Griewank, Karl: Der neuzeitliche Revolutionsbegriff. Entstehung und Geschichte, Frankfurt/M. 1973,
Todd, Allan: Revolutions. 1789–1917, Cambridge 1998.
Oelze, Patrick (Hg.): Revolutionen. Ein historisches Lesebuch, Berlin 2014.

Die Französische Revolution

Friedell, Egon: Kulturgeschichte der Neuzeit, 3. Aufl. München 2012.
Grab, Walter (Hg.): Die Französische Revolution. Eine Dokumentation, München 1973.
Israel, Jonathan: Die Französische Revolution. Ideen machen Politik, Stuttgart 2017.
Lautemann, Wolfgang/Schlenke, Manfred (Hg.): Geschichte in Quellen. Amerikanische und Französische Revolution, München 1981.

Die 1848er Revolution

Engeshausen, Frank: Die Revolution von 1848/49, Paderborn u. a. 2007.
Gall, Lothar (Hg.): 1848 Aufbruch zur Freiheit. Eine Ausstellung des Deutschen Historischen Museums und der Schirn Kunsthalle Frankfurt zum 150jährigen Jubiläum der Revolution von 1848/49, Frankfurt/M. 1998.
Huber, Ernst Rudolf (Hg.): Dokumente zur Deutschen Verfassungsgeschichte. Band 1: Deutsche Verfassungsdokumente 1803–1850, Stuttgart 1961.
Nipperdey, Thomas: Deutsche Geschichte 1800–1866. Bürgerwelt und starker Staat, München 1983.

Die Russische Revolution

Aust, Martin: Die Russische Revolution. Vom Zarenreich zum Sowjetimperium, München 2017.
Bollinger, Stefan: Oktoberrevolution. Aufstand gegen den Krieg 1917–1922, Berlin 2017.
Hildermeier, Manfred: Geschichte der Sowjetunion 1917–1991. Entstehung und Niedergang des ersten sozialistischen Staates, München 1998.
Trotzki, Leo: Revolution in Russland. Ausgewählte Schriften zur Russischen Revolution, Berlin 2017.

Die Novemberrevolution

Bollinger, Stefan: November '18. Als die Revolution nach Deutschland kam, Berlin 2018.
Niess, Wolfgang: Die Revolution von 1918/19. Der wahre Beginn unserer Demokratie, Berlin u. a. 2017.
Regulski, Christoph: Die Novemberrevolution. 1918/19, Wiesbaden 2018.

Die nationalsozialistische Revolution

Goebbels, Joseph: Tagebücher 1924–1945. Band 2: 1930–1934, München 1977.
Goebbels, Joseph: Vom Kaiserhof zur Reichskanzlei, 29. Aufl. München 1940.
Kißener, Michael (Hg.): Der Weg in den Nationalsozialismus 1933/34, Darmstadt 2009.
Möller, Horst: Die nationalsozialistische Machtergreifung – eine Revolution? In: Lill, Rudolf/Oberreuter, Heinrich (Hg.): Machtverfall und Machtergreifung. Aufstieg und Herrschaft des Nationalsozialismus, München 1983, S. 121–139
Mommsen, Hans: Die nationalsozialistische Machteroberung: Revolution oder Gegenrevolution? In: Dipper, Christof (Hg.): Europäische Sozialgeschichte. Festschrift für Wolfgang Schieder, Berlin 2000.
Schoenbaum, David: Die braune Revolution. Eine Sozialgeschichte des Dritten Reiches, Berlin 1999.

Die Deutsche Revolution 1989

Bertram, Christiane: Zeitzeugen im Geschichtsunterricht. Chance oder Risiko für historisches Lernen? Eine randomisierte Interventionsstudie, Schwalbach/Ts. 2017.
Jauer, Joachim: Die halbe Revolution. 1989 und die Folgen, Freiburg im Breisgau 2019.
Weiß, Peter Ulrich: Wunder der Gewaltlosigkeit? Die Revolutionen 1989/90 in der DDR und in Rumänien. In: Geschichte für Heute. Zeitschrift für historisch-politische Bildung 4 (2019), S. 5–20.